心理臨床に活かす スピリチュアルケア

瀧口俊子
大村哲夫
松田真理子
編著

創元社

前田重治 画

この本について
——心理臨床に活かすスピリチュアルケアとは

大村哲夫

こころのいたみとスピリチュアルケア

からだの「痛み」に限らず、こころも「いたみ」を感じます。身体が痛めばこころもいたみ、こころがいためば身体にも痛みが生じます。東洋の文化ではこうした関係を「身心一如（しんじんいちにょ）」と表現してきました。「心身」ではなく「身心」と身体が優位となっているところに、こころの問題を身体症状として訴える傾向が強いとされるアジア的ですし、器質的な要因・脳神経学的知見を重視する現代心理学と通底するところがあります。

さてＷＨＯにおける緩和ケアの定義の中では、身体的、心理・社会的なペイン（いたみ）と問題に加え、スピリチュアルなペイン・問題をあげています。私はこれらの関係を模式図で表すと、図１のようになると考えています（大村、二〇〇九、二〇一〇）。

心理的ないたみと身体的な痛みの相互作用についてはすでに

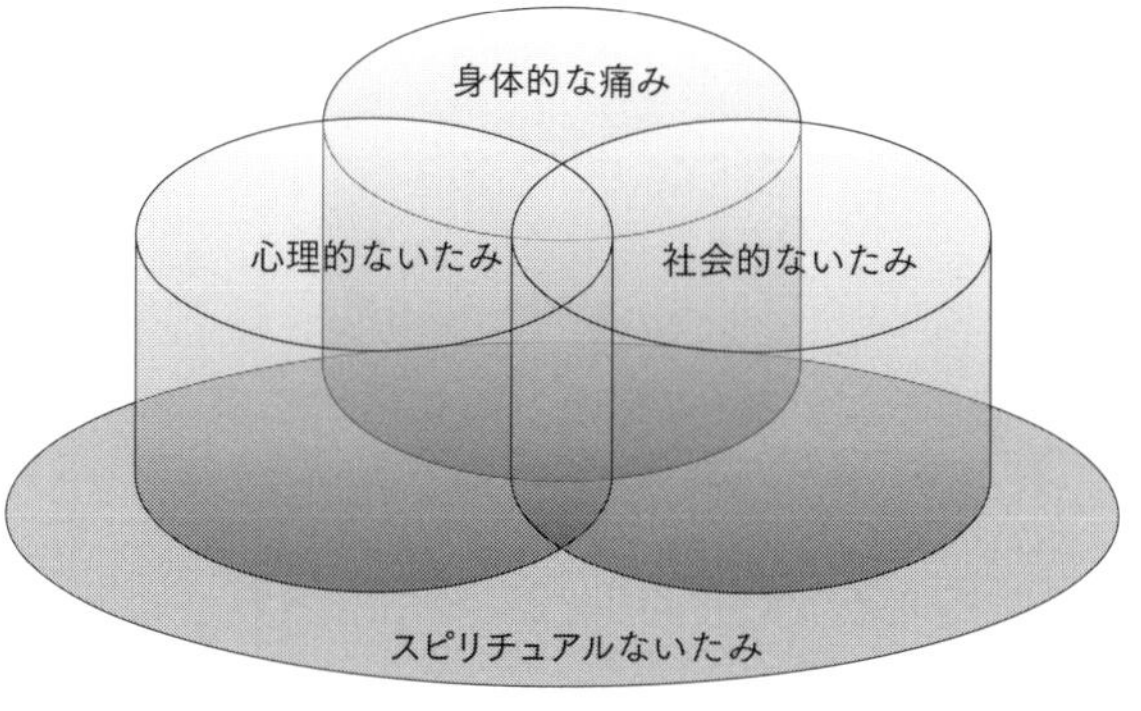

図１　いたみの相関
（大村、二〇〇九、二〇一〇）

述べましたが、心理的ないたみと社会的ないたみの関わりも同様です。家族や学校や職場との関係に不全があると心理的に辛くなりますし、腹痛や便秘・下痢などの身体症状になって現れます。心理的・身体的な不調が社会関係に影響を及ぼすことも十分理解できます。ではスピリチュアルないたみや問題とは何でしょうか。鬱症状にある人が「こんな状態では生きている意味がない」と辛さを感じているなら、それは心理的問題の深い部分にあるスピリチュアルな問題となります。入院患者のもとへ家族が見舞いに来ないことから、患者がこれまでの家族との関わりを後悔しているなら、社会的問題の深い部分にスピリチュアルな問題があります。鎮痛を拒否している患者があり、「この痛みは私の過去の罪に対するバチが当たったのだ」と受止め、贖罪の意味から痛みに耐えている場合などは、身体的な問題がスピリチュアルな問題となっています。身体・心理・社会の問題はそれぞれ相互に関わり合い、深いところではスピリチュアルな問題となっているのです。

ここではスピリチュアルな問題として、「生きる意味」に通底する実存的問題を例示しましたが、臨床においてはこれにとどまらず、より広く「宗教性」を含めて考えていく必要があると私は考えています。自然や器物などあらゆるものに「いのち」を見出す「アニミズム」は、私たち日本人にとって馴染み深いものですし、そうした存在を「聖なるもの」とし「畏怖」を覚える「ヌミノーゼ」という心性も重要な概念です。私たちは自己を確立するという方向性のほかに、自然や周囲に一体感を覚え、それらと調和・融合したいという願望も併せ持っています。また偶然の一致に意味を見出す「シンクロニシティ」や「コンステレーション（布置）」という現象は、心理臨床において注目されてきました。「夢」の意味についても同様です。私たちは、「合理」的ではないものに深い意味を与えることを無意識のうちに行っているのです。

またクライエントが何らかの適応不全を起こしている時、そこから脱却するためには、当事者であるクライエント自身にとって問題の意味と、とるべき行動が「腑に落ちる」ことが欠かせません。心理的な受容を「腑

＝内臓」という身体表現で表すことからも、心・身の強い関連が示唆されます。私たちがものごとを本当に受容し、不適応に対する行動の変容を可能にするには、こころと身体の両者が深く納得、「腑に落ち」なければならないのです。さらに私たち自身が、光と闇、善と悪、賢と愚、強と弱、男性性・女性性など矛盾する性格を併せ持つアンビバレントな存在であることも、同時に見つめていく必要があります。心理臨床にスピリチュアルケアを活かすというのは、人間の抱える深浅さまざまな「いたみ」や問題に、多面的な視点を持ちつつ、総合的に向合っていくということなのです。

スピリチュアルケアと治療構造

さてもう一点、スピリチュアルケアと治療構造について述べておきたいと思います。スピリチュアルケアは、ケア相手の「人格」とケアを行う人の「人格」の相互作用で行われます。スピリチュアルケアには共通して認められる定義がなく、さまざまなケアが実践されているのは、こうした個性に依拠する個別性の高いケアであるからです（大村、二〇二一）。

心理臨床では、オリジナルであろうと折衷的、統合的であろうと、心理療法という「技法」の要素が欠かせません。この技法に習熟することで、クライエントと「適切な距離」を保ちながら、クライエントとセラピスト両者にとって安全な治療を進めてきました。また心理療法には、「治療構造」という枠があります。クライエントとの間に時間・場所・料金などの構造をあらかじめ設定することで、「こころ」を扱うことによって生じるさまざまなリスクを回避してきたのです。

ところがスピリチュアルケアにはいわゆる「技法」がありません。治療構造という概念もなく、ケア提供者の人格とケア対象者の人格の相互作用に依拠するのみということは、きわめて「自然」なケアと言えますが、同時にきわめて危険性が高い関わりといえます。カウンセラー－クライエント関係を逸脱し多重関係に陥るなど、関係性の混乱が生じる可能性が避けられません。そのためスピリチュアルケアを、他の枠のある療法と兼ねることなく単独で行う場合は、具体的な「臨床の倫理」というものがより大切になります。個性的で自由なスピリチュアルケアの実践は、臨床倫理という大きな枠の中で活かされるのです[1]。

「心理臨床にスピリチュアルケアを活かす」ということは、これまで心理臨床が大切にしてきた治療構造を壊そうとするものではありません。むしろ構造の意味と効果を生かしつつ、適切な臨床倫理の実践と、宗教性／スピリチュアリティに開かれた心理臨床を意識することで、よりゆたかなケアをもたらそうとするものです。本書を手にされた皆さまと共に、これからも学び続けていきたいと思います。

注

1　スピリチュアルケアの倫理についての筆者の研究は、日本学術振興会科研費基盤研究（C）課題番号21Ｋ00066（研究代表 大村哲夫）の助成を受けています。

文献

大村哲夫「スピリチュアルケア」清水哲郎監修、岡部健・竹之内裕文編著『どう生きどう死ぬか——現場から考える死生学』弓箭書院、二二四－二二五頁、二〇〇九年、二〇一〇年（第二刷）

大村哲夫「現代におけるスピリチュアルケア」「スピリチュアルケアと倫理」瀧口俊子・大村哲夫・和田信編著『共に生きるスピリチュアルケア——医療・看護から宗教まで』創元社、一二－三一頁、三二六－三六二頁、二〇二一年

『心理臨床に活かすスピリチュアルケア』　目次

この本について――心理臨床に活かすスピリチュアルケアとは……大村哲夫　3

序章　スピリチュアリティ、スピリチュアルケアとは何か……島薗　進　9

第1章　宗教性／スピリチュアリティに開かれた心理臨床

――生と死の共存する世界に生きる認知症患者の穏やかな死……大村哲夫　23

チーム医療で行う『いのちのケア』……沼口　諭　52

たましいの表現を受け止める……藤巻るり　55

「見えないもの」のその先へ……豊田園子　58

第2章　心理臨床実践におけるスピリチュアルケアの臨床的意義……松田真理子　63

生きる――闘病記……生田　孝　95

スピリチュアリティとオーセンティシティ――「本当の自分」をめざして……井原　裕　99

物語とスピリチュアリティ――『地球の秘密』と『あなたの呼吸が止まるまで』から……岩宮恵子　102

第3章　私の統合的心理療法とスピリチュアルケア……倉光　修　107

出会いと別れ、生まれ出る願い……宮原亮子　140

喪失の闇に微かな光が灯るとき……名合雅美 143

第4章 ノブレス・オブリージュ
――「失われた基音」としてのスピリチュアルペイン……岸本寛史 147
臨床実践の現場でスピリチュアリティや宗教をどう扱うか……葛西賢太 177
「わからない」を温める……西平 直 180

第5章 心の声に耳を澄ます――精神科医からみたスピリチュアルケア……和田 信 183
子どもらしさを回復するためのスピリチュアルな表現について……桜井亮平 200
力のある図案を作るための術について……梨木香歩 203

終 章 ソウル・メイキング……瀧口俊子 207
コロナ、クマ、ケア……鎌田東二 229
真正なる心理療法は、それ自体、スピリチュアルなケアである
――成人対象の開業心理療法の立場から……諸富祥彦 232
カウンセラーに期待すること……紀藤正樹 235
あとがき……松田真理子 239
関係機関一覧……241

序章

スピリチュアリティ、スピリチュアルケアとは何か

島薗　進

ケア活動におけるスピリチュアリティ

マテリアル（物質的）／スピリチュアル（霊的）という世界を捉える際の対立項があり、フィジカル（身体的）、メンタル（心理的）、ソーシャル（社会的）、スピリチュアル（霊的）という四層で人間性を捉える理解がありま す。こうした枠組みは比較的広く受け入れられていますが、この場合の「スピリチュアル」の内実をどのように捉えるか、また、このような枠組みの中で、「スピリチュアル」をどこまで実際的な意義をもつものとして考慮に入れるかについては様々な立場があります。

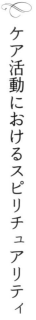

医療や心理臨床やソーシャルワーク、あるいは他の様々な対人ケアやボランティアによるケア、サポート活動において、スピリチュアルな側面をどのように扱うかについては、様々な立場がありえます。ひとりの人間の苦悩や困難に向き合おうとすればいやおうなくそこにスピリチュアルな要素がかかわるとする立場もありま す。WHOが健康の定義をする際に、身体的、心理的（メンタル）、社会的の諸次元とともにスピリチュアルなウェルビーイングをあげるべきだという提案が一九九八年になされ一定の支持を得たのは、こうした立場とかかわりがあります。しかし、この定義はWHOとして採用されておらず、異なる考え方もまた一定の支持を得ていることを示しています。

一方、同じWHOは二〇〇二年に緩和ケアについて、「緩和ケアとは、生命を脅かす病に関連する問題に直面している患者とその家族のQOLを、痛みやその他の身体的・心理社会的・スピリチュアルな問題を早期に見出し的確に評価を行い対応することで、苦痛を予防し和らげることを通して向上させるアプローチである」と定義しています。ここでは、スピリチュアルな苦悩（スピリチュアル・ペイン）やその緩和が不可欠の課題として認識されています。一般の医療では、そこにスピリチュアルなウェルビーイングの次元がかかわることについてかなりの賛同は得られるものの全体での合意はしにくい状況です。しかし、死を前にした患者とその家族のQOLにおいては、スピリチュアルな次元が不可欠であることについて国際社会での合意があることになります。

健康を目指す医療の全体にわたってスピリチュアルな次元がかかわるとする考え方もありますが、スピリチュアルな次元は死を前にした緩和ケアの領域に限定されるとする考え方もあります。このようにスピリチュアリティやスピリチュアル・ペイン、さらにはスピリチュアルケアについて広く捉える見方と限定的に捉える見方があります。これは宗教やスピリチュアリティの用語法に避けがたくつきまとう困難です。世界の諸地域、諸集団の文化において、宗教やスピリチュアリティの捉え方が多様であり、それが用語が指すものの広狭にも反映します。現段階では、広い用法が一定の妥当性を持っていることを踏まえた上で、限定的な意味で用いる場合にはその限定の理由について説明するのがわかりやすい用語法となるでしょう。

ケアにおけるスピリチュアリティの広い捉え方

ケア活動におけるスピリチュアリティについて、広い用法を採用する立場にそって詳細に用語法の検討を行っているのは、エドワード・R・カンダ／レオラ・ディラット・ファーマン（二〇一〇／二〇一四）です。カンダとファーマンはソーシャルワーカー（社会福祉士）の視点から書いていますが、臨床心理士や医師、看護師など医療関係のケア職にもケアを行うボランティアにもある程度妥当する内容として読み取ることができます。カンダらは、「スピリチュアリティに配慮したソーシャルワーク（spiritually sensitive social work）の気運がこの一五年間で急速に高まってきている」とし、仏教、キリスト教、儒教、ヒンドゥー教、先住民の諸宗教、イスラーム、ユダヤ教などの諸宗教だけでなく、非宗教的な実存主義、トランスパーソナル／エコフィロソフィー理論の霊的観点などもそこに含みこもうとしています（三六頁）。そしてさらに、そもそも人間であることの真髄にはスピリチュアリティがあるというホリスティックな考え方もあるとします。そして、それを人間に不可欠の「全体性や中心としてのスピリチュアリティ」というホリスティックなスピリチュアリティの捉え方だとしています（一三四頁）。

しかし、カンダとファーマンは、この立場をとることをすべての読者に求めているわけではありません。そして、スピリチュアリティを以下のように定義しています。

スピリチュアリティとは

人間の生と発達のひとつの過程であり

・意味、目的、道徳性、ウェルビーイングの探究を中心とし

・自分自身、他者、他の存在、宇宙、そして、それがどのように理解されていようとも（たとえば、アニミズム的、無神論的、非有神論的、多神論的、有神論的、その他のように）究極的実在（ultimate reality）との関係のなかで、その探究がなされ

・それが中心的な重要優先事項とされ

・そのなかには、超越の感覚がふくまれている（それは、とても深遠で、神聖で、トランスパーソナルなものとして経験される）（一一三頁）

カンダとファーマンのこの定義は、「究極的実在との関係」、「中心的な重要優先事項」、「超越の感覚」にふれていますが、かなり広い範囲の人間の思考や実践にかかわるものとしてスピリチュアリティを捉えています。このような定義を採用すると、ソーシャルワークだけではなく、心理臨床や看護にかかわる思考や実践の多くをスピリチュアルなものに含み込むことができるでしょう。この立場にそってスピリチュアルなものを位置付けると、WHOで提案されたが採用されなかった健康の定義にかなり近いものになるでしょう。

ただ、宗教やスピリチュアリティそのものが人間のウェルビーイングにとって不可欠とは言えないという立場もあり、カンダとファーマンはそのような立場からのケア活動の捉え方も、ソーシャルワークの適切なあり方と考えています。また、カンダらは、宗教やスピリチュアリティが関係者にとって好ましい形でだけ現出すると捉えているわけでもありません。

私たちは、宗教とスピリチュアリティが果たす積極的な貢献を認めており、それは援助の過程に取り入れ

られるべきである。しかし、私たちはまた、スピリチュアリティと宗教が有害な仕方であらわれることも承知している。したがって、ソーシャルワーカーは、不健全で差別的で、抑圧的な影響を予防し、改善し、克服できるようにしておかなくてはならない。（七頁）

私自身が用いてきたスピリチュアリティの概念は、カンダとファーマン（二〇一〇／二〇一四）とおおよそ合致しています。これは宗教学が宗教を定義するやり方ともだいたい並行しており、二一世紀の現在の人文社会系の学術の水準にのっとった概念内容であり、用語法になると考えます。

米国における「スピリチュアルケア」の生成

以上は、スピリチュアリティという語の用語法について述べ、ソーシャルワーク、心理臨床、医療や看護の領域でもスピリチュアリティの関与が広く生じて自然だということを示唆したものです。しかし、実際にスピリチュアルケアがどのようなものとして行われてきたかということになると、異なる展望をもって見ていかなくてはなりません。欧米諸国ではチャプレン制度が広く行われてきて、チャプレンによる患者等のケア対象者へのケアがスピリチュアルケアの原型と考えられてきたからです。

そこで次に、病院等でのチャプレンを念頭において、スピリチュアルケアの用語法について見ていきましょう。中井（二〇二二）の叙述が役に立ちます。中井はキリスト教におけるケアの伝統から、牧会ケア＝パストラルケア（pastoral care）への展開について述べています。一九九〇年に刊行された英語の『牧会ケア・牧会カウンセリング事典』（Dictionary of Pastoral Care and Counseling）では、牧会ケアを次のように定義しているそうです。

聖書のイメージである羊飼い（shepherd）に由来する。宗教共同体に属する人々のとくに問題や不安を抱えた人へ配慮すること。キリスト教会の歴史としていうならば、牧会ケアはたましい（soul）の癒しの伝統を継承している。癒やしとは、ケアと理解され、用心深さや気遣いをあらわし、たましいとは、人間の中心をなし、神とのかかわりをあらわすものである。（中井、二〇二二、二〇－二一頁）

キリスト教の教会では、羊飼いが羊をケアするようにメンバーの「たましいの癒し」が行われてきました。「神様の守り導きを最も必要としている社会の周縁に置かれた人を守り導く。これが牧会するという意味」だと中井はいいます。そして、それが学問的な裏付けに支えられたものとして体系化されたものが「牧会ケア」で、一九四〇年代に成立したということです。

その先駆者の一人がスワード・ヒルトナーで牧会ケアの役割は「癒すこと、支持すること、導くこと」だとし、従来の「たましいの導き」に加えて、カール・ロジャーズのクライエント中心療法（非指示的療法）やジグムント・フロイトの精神分析から学ぶようになったといいます（中井、二〇二二、三一頁）。つまり、「たましいのケア」を行う牧師や教会指導者の役割に、心理療法的なケアの側面が組み込まれていった過程と捉えられます。そこには信徒一人ひとりが大切にされなくてはならないという考え方があり、ケアを受ける者の主体性を尊ぶケアへの転換がありました。

こうした転換を促した一九二〇年代以降のキリスト教内の運動に、英語圏で展開したオックスフォード・グループがあり、また米国のボストンで起こったエマニュエル運動があります。これらは苦しむ個々人が癒されていくことを促す運動で、そこからキリスト教の枠を超える依存症者の自助運動であるアルコホリック・アノニマス

（A.A.）も展開していきました（四一頁）。こうした運動に影響されつつ臨床牧会訓練を定式化していったのが、アントン・T・ボイゼン牧師やリチャード・キャボット医師で、キャボットらが開発したものに会話記録の作成と検討という方法があります（四三–四六頁）。米国の各教派で臨床牧会訓練が広められていくのが一九三〇年代以降で、一九六七年に臨床牧会訓練協会（ACPE、Association for Clinical Pastoral Education）が組織されています（五〇頁）。

米国における病院チャプレンの養成訓練はこのACPEが主導して行われるようになり、日本からもこれに学んで資格を獲得する人々も出てきます。日本のキリスト教会におけるチャプレンは、米国やヨーロッパ諸国で、チャプレンの訓練を受けた人たちがその地位につき、また日本でのチャプレンの養成・指導にあたるようになりました。だが、日本ではキリスト教の信徒ではない人のケアが多いです。そこでキリスト教色が濃い「牧会ケア」というよりは、特定宗教色の薄い「スピリチュアルケア」という語が広められていくようになります。

だが、じつは米国でも、次第に特定宗教や特定教派の信徒ではない、所属意識をもたない「無宗教」を含め、様々な人々のケアが必要になってきており、二〇世紀の終わり頃から二一世紀にかけて、「スピリチュアルケア」という語への転換が進んできています。ただ、米国の場合、従来のチャプレンや「牧会ケア」から「スピリチュアルケア」への変容はなだらかなもので、それらを異なるものとして立て分けようという姿勢は強くないようです。

日本における「スピリチュアルケア」の定義

では、日本はどうでしょう。キリスト教系の病院以外ではチャプレンはいないのが通例ですが、そこではスピリチュアルケアはどのように位置づけられてきたのでしょう。病院や施設などで苦難の中にいる人たちへのケアや死を前にした患者や家族のケア（昨今の用語でいうと、エンドオブライフケア）を主に念頭におきながら、日本におけるスピリチュアルケアの定式化が試みられていくのは、一九九〇年代からです。

村田（一九九四）は、米国の牧会ケアについて紹介した上で、「日本人にふさわしい新たなケア概念の構築に努めることが必要」だとしていました（一一四頁）。そして、村田（二〇一一）では、「自己の存在と意味の消滅から生じる苦痛」と定義される「スピリチュアルペイン」の概念を軸として、スピリチュアルケアの概念化を進めていきました。

スピリチュアリティやスピリチュアルケアに比べて、スピリチュアルペインは人間のあり方を描く用語としても理解しやすいです。とりわけ死を前にした患者のスピリチュアルペインは言葉にして定式化しやすいものです。しかも、特定の宗教の枠組みから離れて、医療現場で経験される現象として描き出すことがしやすいものでしょう。村田（二〇一一）は、人間が生きていると意識できるのは、自分の存在が、時間性・関係性・自律性の三つの次元によって支えられていると感じるからで、この三つの次元のいずれか（あるいはいくつか）の支えを失ったと感じた時、その人は苦しむというように、スピリチュアルペインを哲学的、あるいは現象学的に分析し描写していきます。

たとえば、自律性ということですが、「患者は死の接近によって身体が衰え、さまざまな不能を体験する。そして患者の意識の志向性が自己の依存や不能、役に立たないことに向けられるとき、自立し生産的であることに生の価値をおく終末期がん患者には、自己の存在そのものが無意味で無価値なもの、負担として現出する」（四頁）。このようなスピリチュアルペインをケア対象者の苦しみとして理解し、それに応じることでケア対象者に理解されたとの思いを生じさせ、それが生きる意欲の回復に通じるのだといいます（中井、二〇二二、九四頁）。

このように特定宗教の枠を超えたものとしてスピリチュアルケアを概念化しようとする試みは、窪寺（二〇〇〇）によっても試みられています。窪寺はスピリチュアルケアを「精神的・心理的ケア」と「宗教的ケア」の双方と区別する形で位置づけようとしています。「人間関係の軋轢、身体的不調、家庭的不和が原因となって起きてくる不安、恐怖、怒り、落胆、落ち込み、無力感、失望、いらいらなどを患者はしばしば経験します」（五四頁）。これらに対処する専門家はカウンセラーや精神科医などで、これらを「精神的・心理的問題」として扱います。この場合の「精神的」は英語に直せば「メンタル」となるでしょう。しかし、こうした問題の奥には、「もっと宗教的、実存的、主観的で、本人の生き方と密接している」（三六頁）ものがあります。

それはすべての人間に本来的に備わっているスピリチュアルな側面あるいは部分（スピリチュアリティ）です。それは次のように定義されます。「スピリチュアリティとは人生の危機に直面して生きる拠り所が揺れ動き、あるいは見失われてしまったとき、その危機状況で生きる力や、希望を見つけ出そうとして、自分の外の大きなものに新たな拠り所を求める機能のことであり、また、危機の中で失われた生きる意味や目的を自己の内面に新たに見つけ出そうとする機能のことである」（一三頁）。

このスピリチュアリティの定義は宗教とも結びつきます。では、「宗教的ケア」と「スピリチュアルケア」はどう異なるのでしょう。まず「祈りについて」の項では、以下のように区別されています。「「宗教的ケア」には絶対的究極的存在者（仏陀、神）がいて、それを礼拝し祈るという点が他のケアと決定的に異なるところです。そして、この祈る対象（礼拝の対象）を常に意識していて、この祈りの対象との関係を一層深め、強くすることにケアの重点がおかれます」（五七頁）。他方「「スピリチュアルケア」では祈りの対象は一定していません。患者個人が最も重要だと考えるものに注目して、それとの関係を大切にします」（同前）。

また、「死後のいのちについて」の項では、次のように述べられています。「一般的には「宗教的ケア」ではその宗教が説く救済を伝え、患者が生きる力や希望を得ることができるようにします」（五八頁）。他方、「スピリチュアルケア」では「患者自身の観念、理解、解釈を重視し、援助をする者はそれを支えるように努めます。患者にとって「生きる力」を与えるものが大切だからです」と述べます（同前）。以上のような説明を経た上で、「宗教的ケア」と「スピリチュアルケア」の違いを以下のように対比してもいます。

……自己の存在が不安と恐怖に襲われたときの拠り所となるものを示すのが「スピリチュアルケア」ですが、援助者はあくまでも患者と一緒に探し求める探究者です。「宗教的ケア」の援助者は神、仏、教義、教理を示すことができますが、「スピリチュアルケア」の援助者にはできません。一緒に悩み考え、本人が納得する答を見つけだすのを援助するのです。それが「スピリチュアルケア」の援助者ができるところです（六〇頁）。

キリスト教文化圏で展開してきた牧会ケアの枠組みを、宗教的多元性や「無宗教」意識が濃い日本に適用しようとする問題意識のもとで展開された定式化です。

宗教的ケアとスピリチュアルケアは重なり合う

ここで、「宗教的ケア」と「スピリチュアルケア」を分ける立場に立つ見方ですが、窪寺とは少し異なるものを見てみましょう。仏教者である谷山（二〇一六）の捉え方です。谷山は、「スピリチュアルケア」を「自身の超感覚的な体験を意味づけるはたらきによって、自分の支えとなるものを（再）認識・（再）発見し、さらに生きる力を獲得・確認する援助もしくはセルフケア」と定義しています。そして「支えとなるもの」について、①「人」＝家族、友達、恋人、②「去」＝過去の自分、人生の結果、③「今」＝本当の自分、もう一人の自分、④「来」＝未来の自分、人生の課題、⑤「事」＝環境、芸術、大切な物事、⑥「理」＝真理、宇宙、思想、⑦「神」＝神仏、超越者、⑧「祖」＝先祖、偉人、物故者、の八つをあげています。

この定義では、自己を超えたものとして①「家族、友達、恋人」があげられており、窪寺のいう「精神的・心理的ケア」の領域に位置づけてよさそうなものも含まれています。また、⑦「神仏、超越者」のように「宗教的ケア」の領域に属すると言えそうなものも入っています。⑧の「祖」も先祖や祖師のような存在であるとすれば宗教の領域に入りますし、③の「本当の自分」も宗教教義的な語彙と見ることもできそうです。さらに、谷山は、「究極的にはあらゆる存在が「わたし」と一体」ということも、スピリチュアルケアの領域に含まれるとして、仏教の悟りや自他不二と言われるものもスピリチュアルケアにおいて目指しうるものとしています。

ここからは筆者自身の理解を述べます。谷山は「狭い意味の宗教的ケア」として、儀礼や信者・未信者の教化をあげています。けれども、今日の医療や災害支援などの実際の活動では、この「狭い意味の宗教的ケア」を超えた広い意味の宗教的ケアも行われているのがむしろふつうでしょう。たとえば、キリスト教の牧会ケアもそこに含まれます。とはいえ、牧会ケアは今では宗教の枠を超えたスピリチュアルケアとして実践されるものに変化しようとしてきています。そうだとすれば、宗教的ケアとスピリチュアルケアとは大幅に重なるものになるのではないでしょうか。

では、「精神的・心理的ケア」と「スピリチュアルケア」との関係はどうでしょう。この両者もきっぱり異なるものとして区別できるでしょうか。実は心理臨床のなかには、スピリチュアルな色彩が濃いものもあります。トランスパーソナル心理学を用いたケア、トランスパーソナル心理学の先駆者ともいうべきカール・G・ユングやアブラハム・マスローの理論や方法を用いたケア、ヴィクトール・フランクルのロゴセラピー、さらにはマインドフルネスやヨーガ、あるいは気功を用いた心理臨床などは、ときには濃厚にスピリチュアルなものとなりえます。そもそもカール・ロジャーズをスピリチュアルな立場と捉えることもできるという考え方もあるでしょう。「精神的・心理的ケア」と「スピリチュアルケア」も重なり合う部分が大きなものとして考えるべきでしょう。

以上のようなスピリチュアリティやスピリチュアルケアの捉え方は、カンダとファーマンが採用しているスピリチュアリティの捉え方とあまり隔たっていません。そもそも人間存在にスピリチュアルな次元が備わっていると考える人にとっては自然な理解です。だが、そうは考えない人にとっても、それほど違和感がない捉え方になっていると考えます。

文献

エドワード・R・カンダ／レオラ・ディラット・ファーマン著、木原活信・中川吉晴・藤井美和監訳『ソーシャルワークにおけるスピリチュアリティとは何か――人間の根源性にもとづく援助の核心』ミネルヴァ書房、二〇一四年（原著、二〇一〇年）
窪寺俊之『スピリチュアルケア入門』三輪書店、二〇〇〇年
村田久行『ケアの思想と対人援助――終末期医療と福祉の現場から』川島書店、一九九四年
村田久行「終末期がん患者のスピリチュアルペインとそのケア」『日本ペインクリニック学会誌』第一八巻第一号、一－八頁、二〇一一年
中井珠惠『スピリチュアルケア入門篇』ヨベル、二〇二二年
谷山洋三『医療者と宗教者のためのスピリチュアルケア』中外医学社、二〇一六年

第1章

宗教性／スピリチュアリティに開かれた心理臨床

――生と死の共存する世界に生きる認知症患者の穏やかな死

大村哲夫

この章では、心理臨床にスピリチュアルケアを活かす二つの視点を紹介します。はじめに死にゆく人が死者に関わる幻覚を見る「死者ヴィジョン」現象について紹介し、つづいて「認知症患者の心的世界と死への移行」について事例を通して考えます。こうした視点に注目することは、クライエントが穏やかな死を迎えるための「文化的（人間的）な看取り」に活きてきます。私は、カウンセラーがスピリチュアリティ／宗教性に開かれた心理臨床を意識することで、より患者の世界に寄り添う、より豊かなケアを実現することができると考えています。

死んだはずの人が見える「死者ヴィジョン」について

「死が間近に迫った人が、死んだはずの人の姿を見る」という話を聞いたことはないでしょうか。死を迎えるプロセスを病院で過ごすことが多くなった現代日本人には、あまり馴染みがないかもしれません。しかし今でも耳にすることが少なくない現象です。たわごとと聞き流してしまうのではなく、患者にとって「意味あるエピソード」として受止めることが、クライエントの穏やかな死につながります。

具体的に在宅緩和ケアで亡くなった患者さんの遺族を対象として実施された質問紙調査の結果を見てみましょう。二〇〇八年に東北在宅ホスピスケア研究会が行なった悉皆調査（六二八件）によると、患者が「他人には見えない人の存在や風景について語った」と回答した遺族は、全体の四二・三％に及びました。患者本人ではなく、介護をしていた遺族へのアンケートですので、実際には半数を超える患者が見ていたと推測できます。ではいったい何が見えたのでしょうか。「すでに亡くなった家族や知り合い」が最も多く五二・九％と半数を超えました。この調査結果は、死の床にある人が亡妻や亡母など「親しい死者」を見たという話を裏付けています。私はこうした死者の姿を「死者ヴィジョン」[1]と呼び、これが見えることは、人が死にゆく過程において深い意味をもたらしていると考えています。詳しくは前著（大村、二〇二一）などをご覧いただきたいのですが、ふだんこうしたことを信じない「合理的」な思考を持つ人であっても、疑うことなく死者の出現を受け入れています。おそらく自分の目で見た「事実」は、本人が潜在的に持っていた「死者が『お迎え（い）』に来る」という民間信仰を活性化し、親しい死者に会いたいという願望と相俟って、psychic reality（心的現実）となるため、違和感なく受容されるのだと私は考えています。そしてこの「親しい死者が見える」という現象は、迫りつつある死の不安を軽減する効果があると考えられます。死にゆく人の抱く不安として、自分という存在が消滅する不安、未知で不可逆な死への恐怖、遺される家族などへの心残り、などが語られます。ところが死者が見えるという現象によって、まず死者が現存すること、つまり死後「無」になってしまうのではなく、個性を持った「たましい」として生続けていることが「わかり」ます。死は「私自身」の消滅ではないということです。二つ目に、誰も死の体験をもたないことから、死への旅立ちには不安を覚えます。しかし親しい死者が迎えにきて同伴してくれるのであれば、患者に安心をもたらすことでしょう。三つ目には、死者がこの世に現れたということは、自分も死後、現世に現れ生者に関与することができることを推察させます。死にゆく人には、遺された家族のことが気掛かりとなり、死ぬに死ねないという苦悩があります。ところが生者の危機に際し、死者である自分が現れ助けることができるなら、この不安は解消されることになります。民間信仰的な言い方をすれば、死後、死者は「ご先祖さま」と共に、生者を護る「守護神」的な存在となるということです。民間信仰を含む多くの宗教では、死と死後世界についてその世界観を語っていますが、必ずしも現代人が納得できる合理的な説明とはいえず、にわかに信じ難いものです。しかし、クライエントが死者ヴィジョンを「見た」場合、死にゆく人自らその意味するところを自然かつ直観的に受止めることができます。この場合、安心を身体で受止める「腑に落ちる」という表現が最も適切だと思います。こうしたゆるやかな「信仰」は、いわゆる組織宗教への信仰の有無とは関係なく、[2]すべての人々に共有されています。

また、人間は高い未来予測能力をもつことで、将来起こりうる危険を回避し、危険に備えることで生延び繁栄してきました。その反面、まだ起こってもいないことを心配して「不安」を覚え、慢性的な不安神経症に悩むことになりました。「人は（自分自身もやがて）死すべき存在である」という人間ならではの自覚をもつことによって、限られた生を意識し、様々な文化や芸術、哲学を生み出してきました。しかしこのことは、「死の不安」から逃れられないことと表裏一体です。そこで人間は「生物的な死」にとどまらず、「人間としての死」、いいかえれば「文化的な死」[3]を必要とするようになったと考えられます。

「死者ヴィジョンによる穏やかな看取り」を経験した家族や関係者は、死者ヴィジョンの出現と穏やかな死を結びつけ、「看取りの文化」・「お迎え」として受容・継承していきます。彼らは自分の死に臨んだ時、おそらく死者ヴィジョンを見、穏やかに死を迎えることになるでしょう。

私たち心理臨床家も、死者ヴィジョンの出現を単に終末期譫妄の症状としてみるのではなく、分析心理学でいう「元型」[4]的現象として、宗教性／スピリチュアリティに開かれた態度でみるならば、より豊かで穏やかな人間的看取りに関わることが可能となるでしょう。このことは本人だけではなく、看取りに関わった家族、医療・看護・介護などの関係者にも「安心」という影響をもたらすことになるのではないでしょうか。

生と死の共存する世界に生きる――認知症患者の心的世界と穏やかな死

「認知症」になりたいと願う人は少ないでしょう。「記憶」を喪失するだけではなく、新たな記銘の障害、親や夫・妻という家庭内の役割、仕事や地位など社会的役割の喪失、友人・知人など人間関係の喪失、趣味・娯楽などの喪失、ひいては人格の荒廃・喪失などによる多くのグリーフ（悲嘆）を予想し、家族や他者に大きな負担を与えることなどを考えると、何としても忌避したい疾患の代表にあげられるのも無理はありません。

認知症の有病率は、八〇代後半で男性の三五パーセント、女性の四四パーセントに達し、加齢と共に急速に上昇し、九〇代後半では男性五一パーセント、女性八四パーセント（朝田、二〇一三）となるとされます。このことから認知症とは、長寿を生きるようになった人間の、避けられない生のプロセスであるということができます。死を前にした多くの人が通過する過程を、不幸で忌わしいものとのみ決めつけてしまっていいのでしょうか。そのことが患者の尊厳を損なうだけではなく、家族や関係者を辛く苦しませているのではないでしょうか。私は二〇〇六年以来、認知症高齢者への訪問面接を行ってきましたが、数年にわたって面接を重ねるうちに、彼らの「症状」がけっして不幸なだけではなく、むしろ穏やかな死への移行を助けている面があることに気づきました。本章ではその典型的な事例を紹介し、プロセスを追いつつその意味を考えていきたいと思います。

面接構造

クライエント（以下Clと省略）は高齢者施設に入居し、在宅緩和ケアを利用していました。すなわち在宅緩和ケア支援診療所から医師の訪問を受け、施設で療養を続けていました。私は支援診療所から「臨床心理士兼（スピリチュアルケアを行う非宗教的）チャプレン（以下カウンセラー、Coと略す）」として派遣され、訪問は原則として週一、二回程度、面接時間は五十分程度、共用スペースであるリビングルームで個別面接を行いましたが、体調不良時には居室でも面接を行っています。本人の希望と体調によっては散歩をしたり花見や野外パーティに参加したり等の活動を実施しました。医師、看護師の他、傾聴ボランティアも一、二週に一回程度訪問を行っていました。本人の情報は電子カルテやコンファレンスで共有を図りました。

クライエント

A氏は八〇代男性。無職。もと民間企業の技術者。戦前は海軍技術将校。妻と共に高齢者施設に入居しましたが、妻の死去により単身となりました。息子は別居。娘は近くに居住。認知症、脳梗塞、心不全、大腸がんなど既往。

倫理的配慮

認知症が生活上問題とならず夫婦健在であった在宅緩和ケア導入時に、研究目的のデータ使用許諾を得ています。また個人情報の一部を省略することで個人が特定できないよう配慮しました。

面接経過

経過記録は、認知症患者特有の心的世界における振幅の広さを示すため、死生観や宗教性に関わる多様なエピソードを中心に抽出しました。

Clの言葉は「　」、Coの言葉は〈　〉で括っています。

「生死」「宗教」に関わる語と意識状態を表す部分には傍線を引きました。

第一期：妻死去による面接開始から転居まで　#1－#64（X＋一年三か月） ＊#数字は、面接の累計を示す。

妻死去。抑うつと認知症進行が見られ、主治医よりCoを勧められ筆者の訪問開始となる。目的は、①抑うつ症状の改善、②意識水準の維持。

時折、不安の表出はあるが心身ともお元気。ユーモアもある。折紙を創作し、Coらにプレゼントする。また部屋一杯に鉄道模型を走らせてみせる。娘が買ってきた「大人の塗り絵」も丁寧に仕上げる。少年期や青年期の思い出を語る。

#2　六月五日

花見以来、抑うつ傾向。車椅子に坐って夢うつつの状態。

「『カンテラ』という声が聞こえた。何故だかわからない。テントの杭を打つ音も聞こえた」と。「香港で中国の娘さんが日本風の花嫁衣装を着ていた」ともお話になる。

#5　六月二八日

気分は上々意識清明。前に続き海軍時代の話。自慢や血腥い話はなく学校や幹部の裏話などユーモアや批判精神もある。繰り返しもない。

#6　七月五日

「先生が来るのを待っていました」。断固たる口調で施設の職員にお茶を要求。「こんなものしか出せません」と背筋を伸ばして力強くお話。二、三週間前のベッドで丸まっていた状態とずいぶん異なり「海軍士官」のよう。学生時代の悪戯や男勝りの祖母の話、海軍の話などを語る。昔の思い出は、現実の身体状況も当時に戻すようだ。

#27　九月六日

体調気分よい。

明け方祖母（故人）の夢を見た。幼少時代の故郷にいる。祖母は男勝りでA氏を育てた人。「生きている時にいいことをしておかないとホトケになってから人相が悪くなる」と叱咤された。祖母に「もう死ぬのですか?」と訊くと「お前は二百歳まで生きる。しっかり生きろ」と叱られたとのこと。

#30　一〇月一一日

「久し振りですね」と。前回訪問の記憶保持。しかし「記憶に自信が無くなった」。子どもの数が分からなくなり、話している相手が誰か分からなくなり、話していることが本当にあったことだか分からなくなってしまうと。「東大に勤めている息子」や「ブラジルにいる息子」、「パスポートをなくしてどこへも行かれなくなった」（筆者註：事実とは異なるようだ）。生年も「一九八七年だったかな?」と不安。「誰も話をしてくれない。うんうんと頷いてくれる人がいない」と。「ボランティアのお姉さんに（鉄道模型を）あげると言って欲しい」。

最近、模型を走らせることはなくなった。

#32　一〇月二五日
お元気そうだが、目の調子がよくないとのこと。施設看護師より以下の情報を得る。女性入所者に「結婚しよう」と言ってトラブルを起こした。息子にもたしなめられたらしい。

件の女性には、A氏の亡妻の面影がある。

#39　一二月二七日
心身共に調子よい。

テレビに触発され沖縄集団自決[5]についてお話。「軍はおかしい人がいた。凝り固まって自分だけでなく人に強要するような人。だから沖縄もそういう軍人がいたのだろう。海軍も半分ぐらいはそういう狂信的なのがいた。短刀を抜いて『これで死ねるか?』などと息巻くものもいた。僕はそういうのが嫌いだった。そういう奴は集団にならないと何もできないんだよ。正月は孫が楽しみ」。

批判力と良識健在。

#41　一月一七日
顔色・元気ともやや消沈。

「腹が立ったり悲しかったりしなくなった。奥さんが死んだ時は悲しかったが、今は悲しさが無くなった。いい奥さんだった。頭を下げたら何でも赦してくれた」、「すぐ眠くなる、寝ることと食べることばっかり」、「外出したいけど車椅子ではね」と。

#42　一月二四日

椅子に坐って傾眠。

「いくらでも寝られる」。夢で「空襲で焼け出され、工場が使えなくなって霞ヶ浦に行った」。訊くと事実だという。戦後も暫く飛行艇に関わり、技術者として南米やロシアに行ったそう。「運が良かったんだよ」、「運は向こうから来るのではなく自分で開かなくてはね」、「アメリカ人も露助《ママ》も皆人間。人間同士の気配りが大事。そういうことが自分の運を開いてくれる」、「怒ったり喧嘩ばかりしている人もいたけど、そういう人は相手にされなかった」。

#54　五月八日

元気なく目が据わっている。絵本を見ている。内容は、父に死なれ夫に先立たれた女性が、夢で父に再会するというもの。「悲しくなっちゃう」と感想。

「最近ヒラリーさん（筆者註：ヒラリー・クリントンのことらしい）から二回電話があった。夫が頼りないので頼まれちゃう」と真顔でお話。

第二期：転居から肺炎による危篤まで　#65－#134（X＋一年三か月－X＋三年）

制度上の理由から他施設に転居。環境は良いが、スタッフの働きかけが控えめ。入所者同士の関わりも少ない。A氏にとっては刺激が少ないようだ。

#66　八月二八日

一人で坐って待っている。Aさんが親しくしていた前の施設のスタッフの話をしてみるが「名前はみんな忘れてしまった」。〈私（Co）のことは覚えている？〉「先生のことは忘れない。もう一人のあの先生も」〈○○先生（主治医）のこと？〉「そうそう」。「ここは仏さまの世界」と。「部屋でお経のCDを流しても文句は言われないのでよかった」。

#75　一一月二〇日

椅子に坐って傾眠。声掛けにすぐ覚醒。お元気そうだが「下痢で困る」と。「自分が死ぬ夢を三回見た」、「よく覚えていないが、船に乗っていて空中に持ち上げられ沈んだ」、「次から次へと夢を見ている」。「そんなに悪いことをしてきたのかな」と落ち込んでいる。「B園（前施設）が焼けたと誰かから聞いた。一階が焼けたらしい」（筆者註：念のためB園に行ったが無事だった）。「一番困った夢は、おしっこを垂れた夢」。

#80　一月八日

お元気。先日はスタッフの子どもに塗り絵を教えた。

〈Aさんの考えるいい世界って何ですか？〉

「子どもがいて年寄りと一緒にいる。海が近くお船がある。ヘリポートがあってどこへも行け、駅の近くに温泉がある。その周りをお散歩。足湯もある」と。

#86　二月一九日

傾眠。声掛けに覚醒。声がいつもと違い上ずっている。

「仏さんに近づいて、お地蔵さんと間違えてお賽銭を置いていくんだ」。「バスと電車の駅の近くに一杯飲み屋があって、そこでゆっくりするんだ、お姐さんがお銚子を持って来てくれる」。「先に行くとお墓がある。子どもと一緒にお菓子を貰ったりするんだ」など熱心に語り続けるがCoと視線は合わない。問いには答えるが夢うつつの世界にいるよう。「ここは天国だよ」。

#88　三月五日

ゆったりとして穏やかな様子。「お墓」「お菓子」は、葬式饅頭の連想だろうか。

「調子いい」。

「大判、小判が台所の床の下に隠してあったんだ」、「刀もあってそれを指してお城へ行った」。「おじいさんが首を持ってきて怖かった。自分の仕事だと言われ、首をお盆に載せてお寺へ持っていって供養してもらった。ミイラ化していた」など不思議な話を次々語る。〈眠くありませんか?〉と訊くと、「怖い話なので眠くないんだ」。

94　四月二三日

体調悪く居室で寝ている。声掛けに直ちに開眼。

「下痢が出る」。「船が出る」、「乗り込めと言われて乗り込んだ」、「どこへ行くかわからない」、「今上陛下の命令」。「手術を受けた。弾が抜けたかどうかわからない。手術の途中でいなくなった、まだ縫ってもらっていない」。召集され軍艦に乗り込み被弾、手術を受け船室にいるらしい。

「夢なのか現実のことなのかわからなくなった」、「(筆者に)新聞を見て来たんですか?」、「こんな古い船じゃ、飛行機の二機ぐらいでやられてしまう」、「退役軍人が集められたが、どうなっているのか分からない」。「大きな決定がされたようだ」、「新聞を見たらみんなびっくりするだろうな」、「私はもう十年前に死んでいるのに」。

目は据わっているが、Coをはっきりと認知していない。〈私は誰ですか?〉と訊くと「先生」と答えるが、軍艦に取材に来た記者とも。筆者は、軍艦が飛行機に弱いことを知っているAさんの的確な判断に感心。「船に若い女の人が乗り込んできてお産になり私が取り上げたんですよ、どうしてか分からないけど」。「大砲が四発発射された」。

現実に戻る気配なし。非現実の世界にいながら、現実世界のCoと会話をしている。語られた「ものがたり」は、「死と再生」のエピソードといえる。

#97　五月一四日

椅子に坐って寝ている。「弱虫なんだよ、泣き虫で困るんだ」。体調は悪くないそうだが元気はない。気分転換に散歩に誘う。池の風景から霞ヶ浦の話となる。「二五キロから三〇キロぐらいの鰻を釣った。駅前に市が立った。みんなで食べておいしかった。鮒も捕れた」など大変生き生きとなる。部屋に戻ったら、線香を点け鈴を鳴らして仏壇でお祈りをする。

#101　六月一一日

傾眠。お元気。

〈六月ですが何か思い出がありますか?〉

「逃亡記」「軍隊で五千人いる中から『脱走して逃げろ』と中将から命令された。『何をしてもよい。殺してもよい』と。失敗したら死刑。私は南米まで逃げた。その後日本に戻って自首した。今度はそこからも逃げろ、と言われて逃げた。墓に隠れた。表彰状をもらい『君はもう自由だ』と言われた」とのこと。そういう夢を見たのか曖昧。「漫画のような話」と楽しそう。

#114　一〇月一五日

お元気。

横須賀の海でイイダコを釣った話を楽しそうにする。餌は生のサツマイモを切ったもの。「タコはおばかさんだから跳びついてくるの」と身振りを交えて説明。

#118　一一月二六日

意識は清明だが、壁の向こうは海だと思っている。

Aさんのお話を聴く。

「生まれて三か月の頃、三匹の犬と一緒に育った。一匹は大きく水牛のようで、溺れている子どもを救ったり、水を汲んできたりした。（Aさんは）犬小屋でご飯を食べ、犬は人間のご飯を食べたり、いつも犬といた」などとニコニコしながら語られる。

無類の犬好きのAさんには、幸せな世界のよう。

#119　一二月一〇日

傾眠。

「お母さんの夢を見なくなった。私の面倒をみるの嫌になったのかな」。「寝るたびに一人ずついなくなる、私も。南無妙法蓮華経。病から救い給え」「忘れないようにしないとね」…（中略）…「宮様が現れる」「賀陽の宮さま、軍艦に乗っている」〈お会いしたことがあるのですか？〉「あります。平服で。『よう、元気か』とお声を掛けてくれた」と。

#120　一二月二五日

傾眠。

「お誕生会をしてくれた」「お父さん（故人）がやってくれた、初めて。父にそんなことをしたことが無かったので申し訳ない。初めて父親から認められた気がした」、「奥さん（故人）がいないのが玉に瑕。お母さん（故人）もいなかったようだ。残念なのは家でやりたかった」。〈どこだったんですか？〉「ここ。いや家だったかも。立派になっていて三階建て（筆者註：後の話題にも出現する）。気恥ずかしくって入れないぐらい。俺の好きなお饅頭やお寿司が用意されていたが、幼馴染みや親戚がたくさんいたのでみんな食べてしまった。自分は食べられなかったが満足。楽しかった。先生も呼んであげたかった」「何だか僕のお葬式みたいだった。丸棺で」、「夢だったのかな」と。

クリスマス（降誕祭）に刺激されたのだろうか。「生と死」のエピソードといえる。

#121　一月七日

「自分では健康だと思っている」、「子どもや孫たちが来るので今日は楽しみ」。「家は三階建てでね、私たちの部屋は三階」とお話になる。「〇〇（Aさんが少年時代過ごしたという）へ行ってきた」「お迎えかも知れない。家族や親戚がたくさん来ていた」などともお話。

#127　三月四日

少し面やつれしているが「調子は悪くないです」「とにかく眠くって、夜は寝てるんだけど」海軍の話や大好きな犬の話も。時々手を合わせて「南無妙法蓮華経、南無妙法蓮華経」とお題目を唱え「ありがとうございました」。

何を祈っているのかと訊くと「人が殺したり、殺されたりするような戦争が無く、平和でありますようにと祈っている」とのこと。

#131　四月一日

「最近ぼけて、坐った途端に忘れてしまう。坐ったらアフリカに行っちゃうんです」とお話。「ほらあの貝」〈シャコ貝？（筆者の直感で述べた）〉「そうそれ！　その中から叫ぶんです」。〈誰が？〉「カニじゃなくて貝の身が」と不思議な話を語りながら夢うつつ。

第三期：恢復から死まで　#135－#161（X＋三年－X＋三年七か月）

肺炎を発症し生死の境を彷徨うが、恢復。体力低下。死去。

#135　五月一三日

目をぱっちりと開けているがかなりやつれている。Coを認識するが声が裏返っている。肺炎のことは全く覚えていない。

「体がしぼんだような気がする」、「目がよく見えない」、「歳をとった」。〈いくつになりました？〉「九九歳」〈まず百歳を目指しましょうか〉、「百歳までは生きたいものね」。「旅に出たい。鉄道か船に乗って」と。

鉄道も船もAさんの好きな乗り物。

#137　六月二日

意識は清明だが、目に力がない。熊の縫いぐるみの手触りを楽しんでいる。「早くみんなのいるところへ行きたい」とお話。

#139　六月一七日

居室で寝ている。声掛けに覚醒。左胸を押さえ「締め付けられるような痛み」。「学生がたくさん神宮外苑に集まっている」学徒出陣のようでもあるが、戦後でもある。「軍国主義か、民主主義か」「天皇陛下の息子さん」。

Aさんもその場にいる。

「窓の外にトカミンがいる。女の人三人。一人は自分の奥さん。もう一人は自分」「南無妙法蓮華経」、「少国民」など。

「トカミン」とは何かAさんに説明を求めてもわからない。

#140　六月二四日

居室で寝ている。顔色悪く土気色。声掛けに開眼。

「学生さんがうろうろと迷っている。それを子どもたちがからかっているんだ。『一本道だよ』」。「道は川に出合うんだ。川の水は冷たいんだ。この川がどこから来ているのか、近くの人に訊いても知らないんだ」、「道の先は火葬場。三階建ての家があってね。そこには幽霊やお化けがいるんだ（にっこりと笑う）」。「（この道は）引き返すことはできないんだ」。Coの顔を見ながら淀みなく語り、すっと入眠。

三階建ての家は、#120でお誕生会（葬式）を行った自宅と同じだろうか。「幽霊」とは、親しい死者たちのようだ。話後、Aさんに不安はみられずむしろ悟ったようにみえる。

#152　一〇月一四日

居室で傾眠。声掛けに覚醒するが聞き取りにくい。子ども時代の夢。

「ワルだった。頭のいいワルに使われていた。学校の廊下に水を撒いたりして先生に怒られた。先生に『お前のことは嫌いだ』と言われた。『俺も嫌いだ』と言ってやったら笑っていた」など。女の子もいじめていたらしい。〈女の人を好きなのは今も変わりませんね〉と言うと「そうなんだよ」と笑う。

話して元気になる。意識清明。丁寧に挨拶される。

#153　一〇月二一日

リクライニングチェアで気持ちよさそうに寝ている。声掛けに覚醒して車椅子に移乗。肺炎以来、最も調子がよさそうに見える。

「子どもの頃の夢をよく見る。悪戯をして先生や兄に叱られる夢」。〈お兄さん（故人）は今どうしていますか？〉と訊ねると「さあ、何をやっているんだか」と。

#154　一〇月二八日

居室で寝ているが、呼ぶと覚醒。食事もおいしく摂れているとのこと。

「兵隊の時の夢を見る」。Aさんは軍用艇に乗ったり小型潜水艦に乗っている。「他の艦艇に当たったり、潜水艦の時は見つかって一発貰ったらだめなんだ」。戦後は仕事が無く苦労したなど意識は清明。

#156　一一月一一日

椅子に坐って背筋を伸ばし意識清明。

食べ物の話に目を輝かす。魚の話から、昔、霞ヶ浦で鰻などを捕り蒲焼きにして振舞ったこと、鮒や泥鰌、鯉なども捕り楽しかったことなどを語る。以前聞いた話と符合。ただ言葉が思い出せず詰まってしまうと会話が繋がらない。

#161　一二月一二日

椅子に坐り、ボーっとしており生気がない。目は目脂で固まり開かない。今朝の食事は久し振りに自分で摂った。口唇には食べ物が付いている。

「調子の悪いところはない」、「良い夢も悪い夢も両方見る。混じっている」。外は雪景色。雪が降ったことは知っているが、特に感慨にふけることはない。「夢と（現実が）混じっているような感じ」とも。

感情の起伏が無くなりお静かな様子。

#162　一二月一三日

誤嚥性肺炎で死去。施設職員から最期の様子を聞く。二人の娘が交代で泊まったこと。孫が来て結婚の報告をしたこと。会話は無かったが聴いていたと思うこと。孫を送るために娘が空港へ行っている間に穏やかに息を引き取った。「穏やかな人柄でした。Coが毎週話しに来てくれてよかった。ここでは（忙しく）一対一でゆっくり話をしにくいので」「どうやって（認知症の患者と）話ができたのですか?」と訊かれる。

考　察

「大切な記憶」に生きる

認知症高齢者が「昔話」にこだわることはよく知られています。青少年期の思い出を繰返し語ることで家族を辟易させることもあります。[6] しかしこうした昔話を語る高齢者は、関心を寄せてじっくり聴く聴き手を得ると、別人のように生き生きとした姿を見せます。語られる話も基本的な部分では齟齬が見られず、思い出が大事に保存されてきたことがわかります。A氏の場合、少年時代や海軍時代、戦後がよく語られる時代でした。A氏は思い出を語りながら、自分自身もそこへ入りこみ、若返って主人公となっていました。こうした高齢者は「大切な記憶」の世界に生きていると言えます。夢と異なるのは、現実世界と重なり合いながら生きているということです（#94など参照）。

「譫妄《せん》[7]（Delirium）」という症状と「心的現実（Psychic reality）」

終末期における認知症は、終末期譫妄と同様の精神症状を示し、これらを区別することは臨床的にはあまり意味はありません。*Diagnostic and Statistical Manual of Mental Disorders, Fifth edition* (DSM-5)（American Psychiatric Association, 2013）では、譫妄の「知覚障害には、誤認、錯覚、幻視がある」（『DSM－5精神疾患の診断・統計マニュアル』（髙橋・大野監訳）五九一頁）とされ、「終末期の人すべての中では八三％まで及ぶ」（同五九二頁）とされています。[8] 死にゆく人が経験する一般的な症状であると言えます。症状のうち幻視についても、本稿の前半で紹介した「死者ヴィジョン」のように多くの人が経験し、死者や非合理な事象と出会い、それを「心的現実」として経験している

（山中、一九九一、大村、二〇一〇など）ことが示唆されます。

生の世界から死の世界へ

認知症高齢者の意識水準は、清明な時と夢うつつの状態、夢が交互に訪れ、意識と無意識との間のグラデーション状態にあります。月日の経過と共に徐々に全体の意識水準が低下し、夢（死）の世界へと移行していきます。本事例でAさんは傾眠状態ですが、声掛けには直ちに覚醒するという意識水準でした。現実見当識が高く保たれている時期から、時には過去や思い出の地に戻り、親しい死者が現れ、自らその世界の一員となって、時間と空間を自由自在に遊ぶ。その一方でCoと会話するなど現実世界との関わりも維持されていました。大きなものがたりの中で、「死」（#75、88、94、101、119、120、140など）と「再生」（#94、120など）、「旅立ち」（#94、135、137、139など）「宗教性」[9]（#66、86、88、127、139、140など）に関わるエピソードが出現し、非合理的ではあるものの本人にとって親しみのある世界が現前していました。生と死の共存する境界にあって、親しい死者を我が目で見、共に話したり遊んだりした心的「現実」は、宗教が語る「天国」、「極楽」などの教義的死後世界より説得力があり、「信仰」の有無に関わらず死後世界への信頼が生まれると考えられます[10]（大村、二〇一〇、二〇一二、二〇一五）。

図1をご覧ください。私たちは健康な時には生の世界に生きています。しかし認知症の発症と共に、親しい死者が死者ヴィジョンとして現れるようになると、生の世界の中に死の世界が侵入してきます。現実社会である生の世界に属しながら、同時に死者のいる世界にも属するようになり、生者にも死者にも関わる生を生きるようになります。やがて死者の世界の割合が高くなり、死者と死の世界にじゅうぶん親しんだところで生物的な死を迎えることになります。認知症患者の「大切な思い出」の世界と「死者ヴィジョン」の出現によって、心

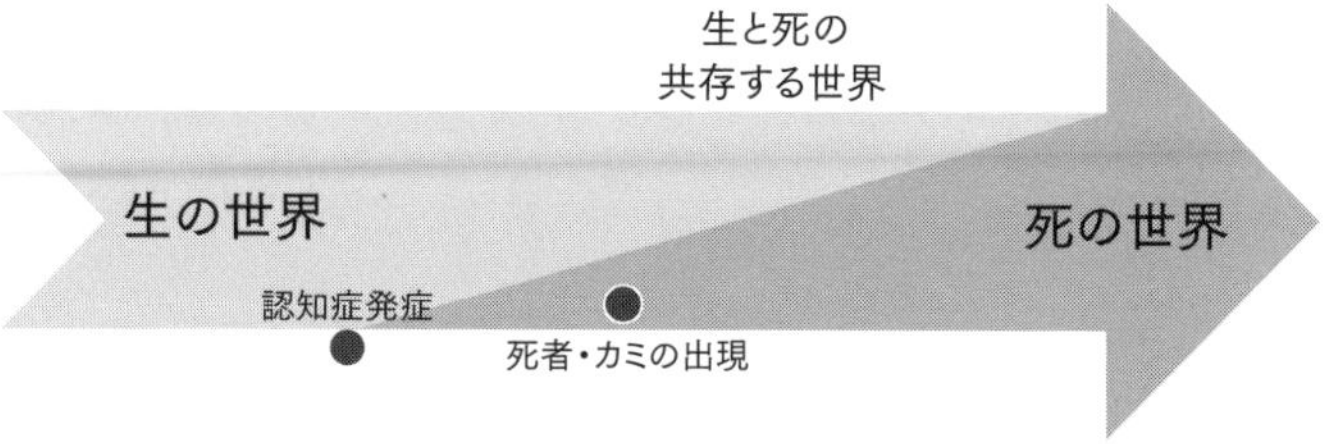

図1　認知症高齢者の世界と死への移行
（筆者作成）

理的に死を恐れることなく、死に慣れつつ、身体的な死へと移行していくことができると私は考えています。

「死者ヴィジョン」出現をめぐる本人と周囲の受容と、看取りの関係

本事例でも、すでに亡くなった死者の姿が頻繁に出現します。夢の中で、または夢うつつの状態で、時には私との面談中にも出現していました。こうした現象は高齢者や終末期患者には珍しいことではなく、私もこれまで注目してきました（大村、二〇〇九、二〇一〇）（大橋・大村、二〇一三）。

本事例の主人公のAさんは、こうした死者の出現に対して違和感なく、親和的に受容しています。そして面談する私もこれに異を唱えることなく受止めてきました。こうした肯定的な雰囲気の中、死への移行プロセスが不安を感じることなく進行し、本人や周囲にとって穏やかな看取りに繋がったと考えられます（図2：上段）。しかし死者ヴィジョン出現が、本人や周囲に不安をもたらすこともあり、譫妄症状として薬物による鎮静の対象とされることもあります（図2：下段、図3：下段）（大村、二〇一〇）。本人が死者ヴィジョンを肯定的に受止めるか否かだけではなく、周囲の家族や医療・看護・介護者などがこうした現象をどのように受止めるのかによって、看取りの質は大きく変化することになります。

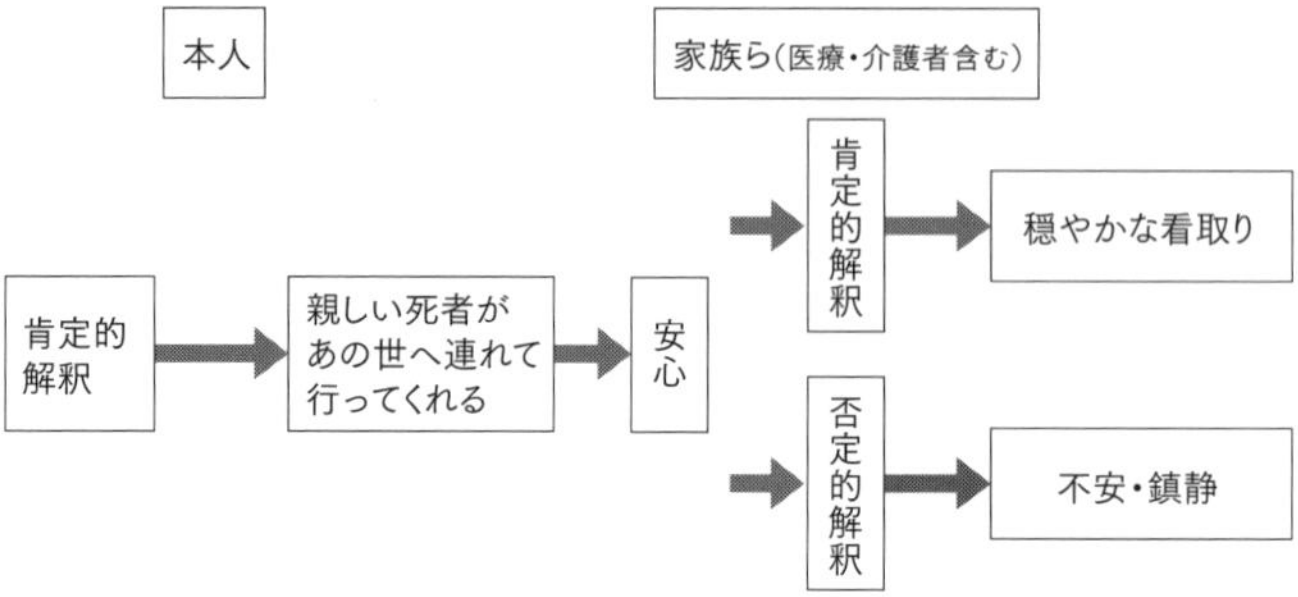

図2　死者ヴィジョンの解釈と死の受容（本人肯定の場合）
（筆者作成）

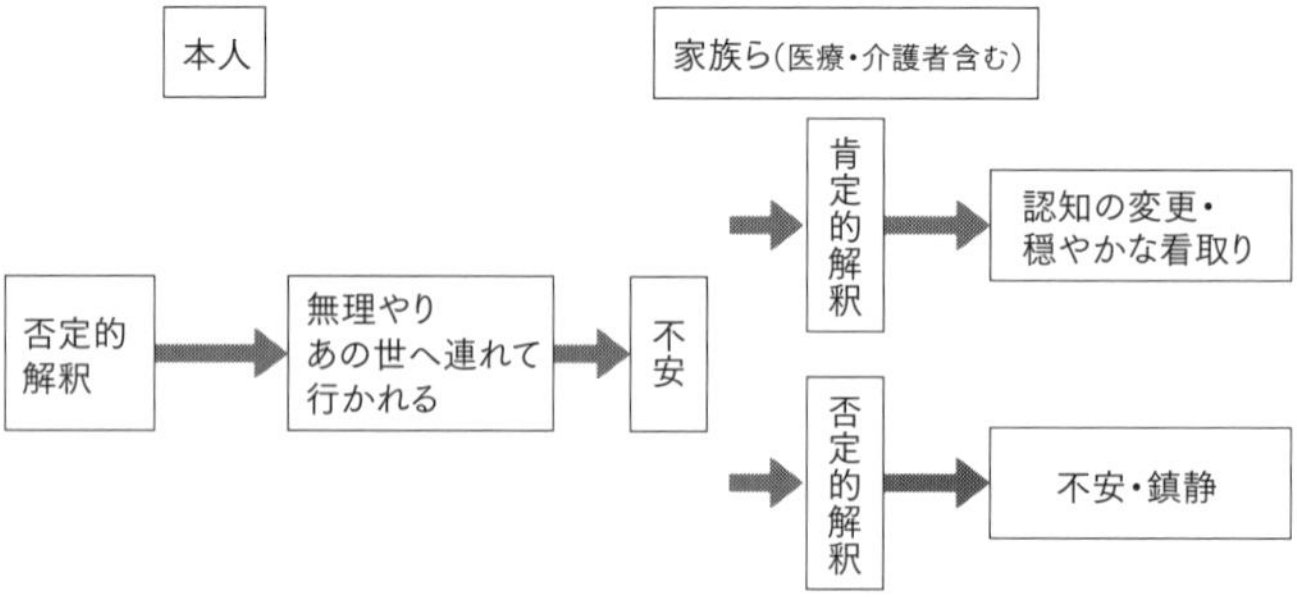

図3　死者ヴィジョンの解釈と死の受容（本人否定の場合）
（筆者作成）

語ること・聴くことの「意味」

Aさんは、日常一緒に生活しているスタッフの名前は失念していましたが、週に一度訪問するCoは覚えていました（#30）。訪問の時間になると居室からリビングルームへ移動し、椅子に坐りながらCoを待っていました（#66）。このことは、Aさんにとって、Coの訪問が「意味あるもの」であったことを示唆しています。Aさんの語るものがたりに耳を傾けるCoの存在は、Aさんのものがたりに意味を与え、自己肯定感を高め、自尊感情を向上させ、Aさん自身が自分の人生・存在を価値あるものとして受止めることを助けます。

また「傾聴」という行為は、Aさんに「語り手」という役割を与え、Aさんがそれを演じることで社会的役割を果たすことを可能とします。社会的動物である人間にとって、最期まで何らかの社会的役割を演じることは、最期まで生きがいを維持することにつながります。もし認知症患者の語るものがたりを「たわごと」として相手にしなければ、患者の「役割」を奪い、「生きる意味」を喪わせることになるでしょう。

ルーティーン・ワークに忙殺される施設スタッフとは別に、Aさんの思い出の世界を共に味わうCoの訪問は、単なる共感に留まらず、Clにとって心的世界と現実世界との接点となっていました。現実世界からのCoの訪問は、現実見当識を刺激し、意識水準を維持することになり、Clが現実世界に生きるために有効であったと考えられます。夢のような話を聴くことと、現実見当識を維持することは、矛盾しているようですが両立していました。

認知症の「意味」

アルツハイマー型などの認知症は「大切な記憶」は保持されますが、短期記憶は障害されます。朝何を食べたかなどは記憶されず、「今」の瞬間に生きているといえます。過去ですら「今」として生きています。今日が何曜日であっても引き算が出来なくてもいい、社会に役立つかという評価の世界ではなく、「自分にとって大切な記憶だけを残してその世界に生きている」と考えれば、認知症は実は幸せな生とみることもできます。『恍惚の人』[11]（有吉、一九七二）は、「痴呆老人」の介護問題について社会に警鐘を鳴らしました。作品は必ずしも認知症の否定面だけを強調していたのではありませんが、経済的幸福を追求していた高度経済成長社会では、認知症を忌避し、「ぽっくり信仰」や「ぼけ封じ」が大流行する社会現象を生みました。そうしたご利益を求め、「聖地」を巡るバスツアーが多く催行されるようになり、現在もなおその流行は続いています。認知症には当事者の問題だけではなく、介護の困難や徘徊、事故の責任など深刻な介護上の「問題」が存在します。しかし社会が、認知症の否定的側面にのみ注目し、高齢者の多くが経験する老いの過程の肯定的側面・意味を見ようとしないことには疑問があるのではないでしょうか。

中国の元代に成立した『二十四孝』（郭居敬）という親孝行の事績を蒐めた書籍があり、日本の教育にも影響を与えてきました。この中に認知症のケアにかかわるケースがあります。老莱子（ろうらいし）には年老いた両親がありましたが、初老となった老莱子を見て息子と分からなくなりました。そこで老莱子は子どもが着る赤い服を着て玩具を手にし、よちよち歩きをして転んでみせるなどして、両親を心配させることで安心させたというエピソードです。認知症になった両親は息子を「忘れた」のではなく、記憶の中の息子（老莱子）を探していたのです。認知症の親を介護している成人の子が、親に「忘れられ」て悲しい思いをするという話はよく聞きます。しかしむしろ、親は子を「覚えて」いるから認識できなかったのです。その証拠に孫を我が子と間違えるエピソードも同時に聞かれます。こうしたことを元代の中国人は認識しており、認知症の親に不安を与えないケアを心がけていたことに、改めて感銘を受けています。

また、禅に『十牛図』（上田・柳田、一九八二、河合、一九八九など）という組絵があり、禅文化の一つとしてよく知られています。牧童が逃げた牛を探し求め、発見し、共に帰るが、やがて牛を忘れ、人も忘れ、ただ花が咲いている情景になります。これでおしまいでよさそうですが、もう一枚あり、人が人に出逢っています。組絵はまるで人間の一生のようでもあります。苦労して得たものを手放し、自我も他者もなくなり本源自然に帰る（いわば「悟り」の境地、あるいは死）というところに認知症高齢者の姿を見ることができます。最後の一枚で人に逢うということは、死に臨みながら親しい人（死者）と出逢うということと重なります。私たちに人は最期まで、人間間の関係性の中に生きていることを教えてくれるようです。

まとめ

①認知症高齢者は「大切な記憶」を保持し、その変奏曲の世界に生きている。
②認知症高齢者への継続的面接によって、生から死へ向かう大きな「ものがたり」を読み取ることができる。
③認知症高齢者の心的世界は、「過去や死者の共存する今」という非合理世界であると同時に、現実世界との関わりも保っている。本人にとって心的現実（Psychic reality）であり、親和的である。
④この心的世界に遊び、徐々に「死」に慣れ親しむことによって、死の不安が軽減され穏やかな死を迎えることができる。
⑤認知症高齢者へのケアは、特有の心的世界への支持的ケアと、定期的・継続面接による現実見当識の刺激により、バランスのとれた穏やかな看取りが可能となる。
⑥認知症は、「死を受容する自然な過程」とみることができる。
⑦認知症患者への傾聴は、患者に「語り手」という社会的役割を与え、自己肯定感を高め、人生に意味を見出すことを助けるケアである。

認知症高齢者の死の受容を論ずるには紹介した一事例では不十分ですが、他のケースでもおおむね同様の経過が見られ、私は普遍的傾向をもつと考えています。

また本稿は、認知症という症状についての新たな視点とケアについて論じたもので、認知症患者のケアの困難さを軽視するものではありません。猜疑や怒り、徘徊などの介護者にとっての問題は、見方やケアの方法を変えても劇的に改善するものではなく、「問題」行動の根柢にある器質的な問題や、長い人生をかけて身についたこだわりの修正は容易ではないでしょう。しかしながら「死を受容する自然な過程としての認知症」という見方は、認知症を患う本人はもとより、家族の心理的負担を軽減し、関係性の改善をもたらします。私が訪問したClの中には、易怒性がありハラスメント行為を行う人もありました。しかし定期的で継続した傾聴によって、現実世界との不適応に起因する不安が逓減し、「大切な記憶」が甦り、その記憶をCoと共有することで次第に問題行動が落ち着いてきました。こうした変化は周囲との関係性を恢復させ、穏やかな生活と看取りにつながります。私は、認知症という症状の「意味」を問い直すと共に、人間と人間の関係を繋ぎ直すことは、臨床的にも文化的にも意義があることと考えています。

心理臨床にスピリチュアルケアを活かすとは、私たち心理臨床家がクライエントの「死者ヴィジョン」や「死後世界」をそのまま信じるということではありません。クライエントの心的事実である世界をカウンセラーがじゅうぶん理解した上で、支持的でありながらかつ現実的に、クライエントの宗教性／スピリチュアリティに向き合うことに他なりません。そこにはよりゆたかで人間的な心理臨床が開かれていくことと確信しています。

なお本章は大村（二〇二四）の一部を加筆修正したもので編者の東洋英和女学院大学死生学研究所の転載許可を得ています。

注

1　俗にいう「お迎え（い）」もこの一つです。「お迎え（い）」は、近世以前の用法では阿弥陀如来による『御来迎』を指すことが多いこと、実際に見える姿は動物や不気味な存在である場合もあること、親しい死者の出現であっても、本人がまだ死にたくないと思っている時は、ありがたい現象ではないことなどを考え、私は価値観を含まず広い意味を含ませることができる「死者ヴィジョン」を用いています。

2　日本人は、「無宗教」であると言われますが、各種の世論調査によるとおよそ八割の人が墓参をし、寺社に初詣に行くなど「宗教的習俗」の世界に生きています。宗教性／スピリチュアリティ豊かということができましょう（大村、二〇二一など）。

3　ここではいわゆる宗教も、文化の一つとします。

4　死を前にした人の前に死者が現れるという現象は、文化を超えてみることができます。たとえばアンデルセンの創作童話『マッチ売りの少女』において、凍死寸前の少女がやさしかった亡き祖母の姿をみるエピソードがあります。この童話を文化の異なる私たちが、子どもですら説明を受けることなく、そのまま感動することができるということは、彼我の文化を超えて死者ヴィジョンという現象の受容に、通底するものが存在しているということにほかなりません。

5　第二次世界大戦末期、沖縄戦で多数の民間人が日本軍によって「自決」を強いられた事件。「友軍」である日本軍が、住民に食糧や地下壕を提供させ、作戦の邪魔となるとして死を強要した。沖縄戦では県民の四人に一人が戦争によって亡くなっている。

6　何度も繰返すことについて、ある認知症高齢者から言われたことがあります。「大事な話だから言うの」「ちゃんと聞いてくれないから繰り返すの」と。たしかに一時間ほどじっくりと興味を持って聴くと以後「繰返し」は解消しました。このことは家族の訴え（前に聞いた話を何度も繰り返してしつこい）に同感していた私への痛烈な「頂門の一針」でした。また話すことを忘れてしまったように見える人や、人間嫌いに見える人も実は語る相手がいない（聞いてくれる人がいない）ため「無口」を余儀なくされていることが多いのです。

7　「譫妄」は、医療現場で用いられる専門用語であることと、文字に否定的な価値観が反映されていることを示すため、あえて漢字表記としました。

8　緩和医療の教科書 *Oxford Textbook of Palliative Medicine,* 2nd ed.(Doyle, Hanks, & MacDonald, 1998) においても、がん末期患者の七五％に譫妄が見られる（p.945）とあります。

9　私は「宗教性」という用語を以下の意味で用いています。「人々が、自分または自他の間に働き、自らコントロールできない事象に対してとる合理性に捉れない態度、または意味づけ」（大村、二〇一〇、二〇一二、二〇一四、二〇一五など）。特定教団への信仰を持たないが、草木から器物に至るまで、魂を感じ、魂の永続を信じ墓参や初詣などを行う日本人の心性を表すには、生きる意味などを含意する欧米的「スピリチュアリティ」では適当ではないと考えるからです。

10　沖縄の巫者「ユタ」は、「変性意識状態（Altered states of consciousness; ASC）」でカミガカリする（大橋、一九九八）といいます。カミや死者と交流するユタの心理状態と譫妄時の心理は酷似しています（大村、二〇一二、大橋・大村、二〇一三）。

11　よく用いられる改訂長谷川式簡易知能評価（ＨＤＳ－Ｒ）には、「今日は何年何月何日ですか？　何曜日ですか？」「一〇〇から七を順番に引いてください」などの質問事項があります。

文献

American Psychiatric Association. *Diagnostic and Statistical Manual of Mental Disorders, Fifth edition.* American Psychiatric Publishing. 2013.（髙橋三郎・大野裕監訳『ＤＳＭ－５　精神疾患の診断・統計マニュアル』医学書院、二〇一四年）

有吉佐和子『恍惚の人』新潮社、一九七二年

朝田隆「厚生労働省科学研究費補助金認知症対策総合研究事業報告書」二〇一三年

Doyle, D., Hanks, G. W. C., & MacDonald, N.(Ed.) *Oxford Textbook of Palliative Medicine,* 2nd ed. Oxford University Press. 1998.

河合隼雄『生と死の接点』岩波書店、一九八九年

諸岡了介・相澤出・田代志門・岡部健「現代の看取りにおける〈お迎え〉体験の語り――在宅ホスピス遺族アンケートから」『死生学研究』第九号、二〇五－二二三頁、二〇〇八年

大橋英寿『沖縄シャーマニズムの社会心理学的研究』弘文堂、一九九八年

大橋英寿・大村哲夫「死生観とメンタルケア」メンタルケア協会編『精神対話論』慶應義塾大学出版会、一三七－一六六頁、二〇一三年

大村哲夫「在宅ホスピスケアにおける心理専門職の援助と看取り文化について」『日本心理臨床学会第二六回大会発表論文集』、二〇〇七年

大村哲夫「死を受容する文化としての〈お迎え〉――在宅ホスピスにおける「譫妄」と「お迎え」」『日本心理臨床学会第二八回秋季大会発表論文集』、二〇〇九年

大村哲夫「死者のヴィジョンをどう捉えるか――終末期における死の受容とスピリチュアル・ケア」『論集』第三七号、一五四－一七八頁、二〇一〇年

大村哲夫「生者と死者をつなぐ〈絆〉――死者ヴィジョンの意味するもの」『論集』第三九号、一三五－一四八頁、二〇一二年

大村哲夫「ここは天国だよ――認知症高齢者の世界と死の受容」『日本心理臨床学会第三三回秋季大会発表論文集』、二〇一四年

大村哲夫「死にゆく人と出会う――在宅緩和ケアにおける心理臨床」滝口俊子監修、大村哲夫・佐藤雅明編著『心理臨床とセラピストの人生――関わり

あいの中の事例研究』創元社、二八三－三二二頁、二〇一五年
大村哲夫「現代におけるスピリチュアルケア」「スピリチュアルケアと倫理」瀧口俊子・大村哲夫・和田信編著『共に生きるスピリチュアルケア――医療・看護から宗教まで』創元社、一二－三一、三二六－三六二頁、二〇二一年
大村哲夫「生と死の共存する世界に生きる――認知症患者の穏やかな死」『死生学年報　二〇二四　看取りの文化を構想する』東洋英和女学院大学死生学研究所編、六一－八四頁、リトン、二〇二四年
Saito, C., Ohmura, T., Higuchi, H., & Sato, S. Psychological Practices and Religiosity (*Shukyosei*) of People in Communities Affected by the Great East Japan Earthquake and Tsunami. *Pastoral Psychology*, **65**, 239-253.2015. DOI 10.1007/s11089-015-0685-x
東北在宅ホスピスケア研究会「二〇〇七（平成一九）年六月実施　在宅ホスピスご遺族アンケート報告書」二〇〇八年
上田閑照・柳田聖山『十牛図――自己の現象学』筑摩書房、一九八二年
山中康裕「老いと死の自己実現」『老いの思想』岩波書店、八二－一〇九頁、一九八七年
山中康裕『老いのソウロロギー（魂学）』有斐閣、一九九一年

チーム医療で行う『いのちのケア』

沼口　諭

　私は、無床診療所を営む開業医として、外来診療や在宅医療を行っています。在宅医療では、現在、月に約一〇〇人の訪問、年間約六〇人の看取りを行っています。一方、私は真宗大谷派徳養寺の長男として生まれて僧籍を持ち、医師と僧侶という二足の草鞋を履くことで、医療と宗教の視点からみた人の生死に関心をもってきました。平成二六年から医療法人に臨床宗教師を非常勤として三～五人雇用し、平成二七年には病院と自宅の中間的な施設である在宅型ホスピス、メディカルシェアハウス・アミターバを設立し、医師、訪問看護師、訪問介護士、ケアマネジャー、相談員、臨床宗教師による医療・介護チームでスピリチュアルケアやグリーフケアを大切にした在宅医療を行ってきました。今回、そのチーム医療で行ってきて印象に残っている患者さんの一人について、紹介したいと思います（なお、今回の紹介は、ご本人の意志およびご家族のご厚意によることをお伝えしておきます）。

　Oさんは、二年前に奥さんを亡くし、九〇歳になる一年前に脳梗塞を発症し、後遺症として軽い半身の麻痺が残りました。そして、持ち前のバイタリティからリハビリに励まれ自宅での生活を取り戻されましたが、食欲が低下し体調が思わしくない状態が続いたため病院を受診したところ、今度は膵臓癌が見つかり、主治医からは積極的な治療はできないことを告げられました。早い時期に癌が見つけられなかったことへの後悔と、食欲がないなど体調が悪い中でのこの告知にとても大きなショックを受けられました。もともとOさんはプロ並みの仏像を彫刻され、信心も篤くお内仏にいつも手を合わせる毎日を送っておられたようですが、癌の告知で病に心を占められ、度重なる不運の連続に生きる気力を無くされてしまいました。そんな姿をみた訪問看護師である娘さんがアミターバの入居を勧めてくださいました。入居時に「この歳まで生きられ、今まで仕事も趣味も十分やるだけのことはやったので満足しています」という気丈な言葉はありましたが、身体の怠さや鈍痛を抱え、この先の不安がうかがえました。

毎週水曜日は私が訪問診療を行う日です。Oさんの部屋に入るなり、「先生、昨夜、目の前に仏さんが現れたよ！　私のことを見下ろして立たれたんだ。そしたら不思議とね、今までのお腹の痛みと身体の怠さがすーっと軽くなったんだよ」。これは、メディカルシェアハウス・アミターバに入居された一週間後に、Oさんが私に発した第一声でした。医療ではせん妄と考えられるような現象ですが、Oさんは私が僧侶であることをご存知だったから安心して話されたのかもしれません。その後も、他の医療、介護スタッフにもその話をされることはありましたが、臨床宗教師の面々には、生き生きと嬉しそうに繰り返し同じ話をされたようです。そして、仏さんが現れてからのOさんは、「仏さんにお任せすればいいと思えたら、体の力が抜けて楽になりました」とにこやかな時間が増えました。それまで癌という病によって目を覆われ、身体の不調の原因にもなっていましたが、これまでの厚い雲に覆われた薄暗い状態にまさに光が射したようでした。スピリチュアリティとしての信仰心を取り戻し、諦観されたように感じました。

その後、病状は進行し体調は必ずしもいいときばかりではありませんでしたが、ご家族のきめ細やかな支えのもと、訪問看護師や介護士、臨床宗教師との会話を楽しみにしておられました。そして、楽しみの一つに、体調に合わせて臨床宗教師が提供するコーヒーがありました。施設の一階の一画にあり臨床宗教師が運営するカフェデモンクからこのコーヒーは提供されます。心をこめて一人分ずつコーヒー豆を挽き丁寧に淹れられ、元気な方はカフェで臨床宗教師と語らいながら飲まれますが、一階のカフェまで降りることができない方は、お部屋まで届けられます。このコーヒーを挟んでOさんと臨床宗教師との会話は、体調はもちろんその時の気分によって、話の内容だけでなく話される時の表情や声のトーン、話の間も変わります。そのときの言葉の内容だけでなく、臨床宗教師が空気感を含め全体から感じ取った感覚も言葉に還元して、他のスタッフに伝えてくれます。「そばの話になると玄人なみで、生き生きと話される」とか、「ミルクは〇〇牛乳に思い入れがあって大好きで、飲みっぷりがいい」とか、ご家族それぞれへの想いなど、その内容と空気感を我々他のスタッフも共有し、それぞれのスタッフが専門職としての医療や看護、ケアに活かします。Oさんは、コーヒーを飲みながらいろいろな想いを話したことが、よほど心に残っておられたのでしょう。最期が近くなりご自身は口から食べることができなくなりましたが、寄り添ってくれる疲れた家族に、「おまえも、カフェに行っていのちのコーヒーを飲んでおいで」と、コーヒーを勧められました。

患者さんに対するケアを考えるとき、それぞれスタッフがひとりの人間として関係性を築き、ひとりの人間として向き合った中からケアは生まれてきます。ですから、同じ職種であっても同じことを話されるとは限りません。個人情報に関する守秘義務に注意を払いながら、このような病状の進展にともなって刻々と移り変わる患者さんの想いや心の変化をスタッフが共有し、チームで適切な医療やケアで対応することが、究極のＡＣＰ（Advance Care Planning）であると考えます。

臨床宗教師は布教や伝道は行わず、患者さんの訴えに丁寧に耳を傾けます。また、医療・介護チームにおいて、医療や介護とは違った立場でかかわるため、患者さんやご家族からは宗教的な話も含め日常のいろいろな話を聴いてくれます。そんなお話の中から、つらい思いや生きる希望となるような言葉を拾い上げ、医療や介護スタッフにその想いを伝えてくれる大事な存在です。

仏様がOさんの前に現れた理由はわかりませんでしたが、Oさんとのお別れ会の際に娘さんが「宗教者がいる空間だったので、父は仏さんを見たのだと思います」と、呟かれました。宗教者には、こんな役割があるのかもしれません。

たましいの表現を受け止める

藤巻るり

心理療法は、日常とは異なる考え方、感じ方、物の見方ができる場を提供します。困難な問題を抱える方々とお会いするとき、非日常的な視点を持てると、困難を含むその人の生き様に思いがけないきらめきが感じられることがしばしばあります。ここで紹介するAさんとの心理面接は、プロセス全体がまるで昔話のようでもあり、典型的な心理療法というわけではありませんが、それでも心理療法に通底する非日常性がよく表れているように思います。クライエントが自覚的にそうした側面を体験することもありますが、子どものプレイセラピーのように、無自覚のうちにそれを体験する場合もあります。Aさんの場合は後者でしょう。

七〇代女性のAさんは、万引きを機に精神科クリニックに来院されました。万引きといってもちょっと変わっていて、ホームセンターで、他の生活用品や食料品の会計をした後で、上着の懐に鎌を隠し持ち、鎌の柄は上着から出ていてすぐわかる状態だったそうです。まるで捕まるために盗ったかのような不思議なエピソードであり、事件性より精神的な症状を疑われたのでした。

受診時は穏やかで、事件に関して反省を口にされるものの、動機らしい動機はとくに語られませんでした。ロールシャッハテストでは、感情表現が乏しくて感情の動きがないという意味では病的ともいえるスコアでしたが、妄想的な所見はなく、現実検討は保たれていました。認知症を疑わせる所見もなく、投薬治療の対象ではないということで、主治医から心理療法のオーダーが入りました。

Aさんは、実際の年齢より少し上に見え、小柄でぼくとつとした農家のおばあさんという印象でした。心理面接の初回、Aさんのこれまでの生い立ちを伺いました。若い頃に農家の本家にお嫁に来て、それから夫やその家族と共に長年農業を営んできたこと、本家で人の出入りも多かったこと、同じ敷地内に働かない親戚が住んでいて、その親戚が裏の林で首を吊って亡くなった時のこと。そうした話が、苦労話というほど感情が込められる風でもなく淡々と語られ、日常の労働の中で農家の旧家のなんとなく重苦しい独特の空気を感じながら、真面目に物静かに働いてこられたことが伝わってきました。その語りには病的な印象はまったくなく、ただ、あまりに感情を動かさずに（心理検査で病的とスコアされるほどに）生きてこられた方なのだな、と思いました。

お会いする前にAさんのカルテの情報を見て、筆者は疑問に思っていました。農家なので、鎌は家にもあるだろうし、他のものは会計もしているのでお金に困っているわけでもないのに、Aさんはなぜ鎌を盗んだのだろうか。「鎌」を「盗む」ことにどのような意味があるのだろうかと。初回の面接でAさんの話をお聴きしながら、ふと、次のようなことが浮かんできました。鎌（＝刃＝攻撃性、もしくは＝刈り取るもの、収穫するもの）を懐に隠すように盗むというのは、プロメテウスが神から火を盗んだように、それを大事なものとして獲得するという意味があるのではないか。Aさん自身が無自覚であるからこそ、それはいわば、Aさんのたましいの表現なのではないかと。ただし表現というものは、それを受け止める人がいてはじめて成り立つものなので、本人も自覚せずにしている表現は、表現として意味を成しません。受け止める意識が存在しないと、表現は続いたり、エスカレートする可能性もあります。

そんなことを考えながら、筆者は初回のAさんの語りをお聴きしていました。面接の最後に、ここに来るきっかけとなった事柄について少し話を向けると、Aさんは、それまでの様子とは打って変わって床につくほど頭を下げて「すいません！　迷惑をかけてしまって！　もう二度とあんなことは」と平謝りになり、淡々とですが表現されかけていたAさんらしさのようなものが掻き消えてしまいました。筆者は思わず、上記のような「表現」としてAさんの話を聴いていたことを伝えたいと思い、〈ここは警察ではないので、そういうこととまったく別の次元で今日お話を伺っていて、Aさんが、懐にそっと鎌を隠し持ちたくなった、ということが、なんとなくわかるような気がするんです〉と言葉にしてみました。

筆者の言葉をAさんがどのように受けとめたのかはわかりませんが、なんとなくこちらの姿勢は伝わったように思います。Aさんはそれから月に一回、心理面接に来られるようになりました。そこでもとくに大きな悩みを語られるわけではなく、日常のこと、仕事のこと、家族のことなどを淡々と話されました。面白かったのは、Aさんが最後にちょっとしたものを手提げ袋から出して、拝むようにして帰って行くことでした。それは庭で採れた山菜の煮つけだったり、封の開いた飴玉の袋だったり。本当にちょっとしたものを、まるで道端のお地蔵さんにお供えするかのように置いていかれるのです。

その後も、とくに大きな出来事が語られるわけでもなく、淡々とした心理面接が数回続きました。そしてある日、収穫した果実をたくさん持ってこられ（それはクリニックのスタッフ皆で分けられるくらいの豊かなものでした）、その後はぷっつりと来なくなりました。唐突な終わり方でしたが、筆者には腑に落ちるものがありました。Aさんの中にある狂気に近い何かが、なんとなく、お地蔵さんのようなこの世とは別次元のものに受けとめられたことで、それ以上崩れることはなく、ある意味では豊かなものとして刈り取られ、そしてAさん自身はまた淡々とした日常に戻られたのではないかと。

念のために付け加えると、治療者がお地蔵さんという意味ではありません。あえて言えば、お地蔵さんが彫られている石のようなものだと思います。石そのものには特別な力はないけれども、そこに存在することで、お地蔵さんが彫られる土台となり、訪れる人の日常と非日常を媒介します。投影や転移といってもよいかもしれません。心理療法における治療者は、投影を受ける石のようにそこに存在して、様々な意味を感じながら淡々と話を聴く、そんな存在なのではないかと思っています。

「見えないもの」のその先へ

豊田園子

見えないもの

青いお空のそこふかく、
海の小石のそのように、
夜がくるまでしずんでる、
昼のお星はめにみえぬ。
　見えぬけれどもあるんだよ、
　見えぬものでもあるんだよ。

（金子みすゞ「星とたんぽぽ」より）

金子みすゞのこの童謡はやさしく大事なことを教えてくれます。意識の光が強すぎるときには、私たちは美しい空の星々を見ることができません。目に見えないからといって、その存在を忘れてしまうとしたら、私たちは宇宙の広がりを失うのかもしれません。

今私たちは色鮮やかな画像であふれた視覚情報過多の時代に生きています。視覚に頼ることが多くなることで、人に備わった他の感覚はにぶくなってしまってはいないでしょうか。見えなければ信じないということになり、目に見えない心は置き去りにされ、その心について考えるときにすら、エビデンスが尊重されるようになりました。しかし生成ＡＩが偽の画像をいくらでも作れるようになってしまったこの時代に、私たちはそのまま見えるものだけを追いかけていいのでしょうか。

科学技術の発展が人間の生活を豊かにしたのも事実です。しかしそのことが人間を傲慢にして、どこかに大事なものを置き忘れてきてしまったということはないでしょうか。地球温暖化による異常気象からの災害や感染症のパンデミックは、人間の自然との共生がうまくなされなくなったことの現れともいえます。自然の力は人間を超えてはるかに大きいことを思い知らされてもいます。

人間の健康的な生活のためには、物質的な豊かさだけではなく、スピリチュアルな要素が必要であるとしたWHOの提言は、人間にとっての目に見えないものの価値をあきらかにしたという点で画期的だったといえます。それは多くの人々を惹きつける力を失ってしまった伝統宗教の教えに帰依するかどうかは別にして、人間だれにとっても人智を超えた何か大いなるものを身近に感じることが大切であることを公言したからです。以来、日本においても、宗教という言葉ほど抵抗なく、スピリチュアルという言葉が人々の口に上ることが多くなりました。

ユングとスピリチュアルケア

「われわれの心は宇宙の構造と一致して作られている。マクロの世界に起こったことはミクロの世界においても、心の主観的な範囲においても生じる。このために、神のイメージは常に、強力な対決の内的経験が投影されたものである。」(Jung, 1963/1973)

ユングは見えない心の世界に宇宙的な広がりを見た人でした。彼はキリスト教の環境に育ちながらも、それに疑問をもち、一生をかけて立ち向かったのですが、ユングにとって宗教とは、そうした教義を離れて、ルドルフ・オットーが『聖なるもの』でとりあげた畏れや怖れをいだかせるヌミノーゼなものを、「注意深く良心的にみつめる」ことでした。そしてそのような宗教性は本来人間には欠かせないものだと考えます。

彼は「心理療法と牧会の関係について」（Jung, 1932/1989）という論文で、かつては宗教が受け皿になっていた魂の問題を抱える人々が魂の救済を求めて医者の下を訪れるようになっていると述べています。ユングは宗教の衰退が神経症を増加させたと考えました。人々は自らの中に本来あるはずの宗教性を見出せないことによって、魂の苦悩に陥っているのです。彼は「三十五歳以上の私の患者のうちで、その究極的問題が、宗教的態度の問題でない人はひとりもありません。…（中略）…自らの宗教的態度を再び取り戻さなかった人は誰も実際には癒されていないのです。」と述べています。ユングにとって心理療法とはスピリチュアルケアだったのです。

自分の意志ではどうにもならないものに圧倒されるとき、人はそれをマナ、神、デーモンという名で呼んだりしますが、ユングはそれを無意識として取り組むことになりました。心理療法家としてのユングはこうした魂の苦悩を抱えた人が失われた宗教性を求めて無意識の領域に足を踏み入れることを励まし、共感をもって同行することになります。光は暗闇で輝くように、失われた神は暗闇でしか見いだせないのです。しかしこの道行は心理療法家にも覚悟を迫ります。ユングは心理療法家がこの仕事をするためには、「偏見のない客観性」を持たねばならないこと、それを持つことは、自分をありのままに受け入れることでしか可能でないとしています。ただここでの自分をありのままに受け入れるとは、自分があらゆる人間の中でももっとも小さい者、貧しい者、卑しい者、もっとも破廉恥な者であることを、すなわち自分の影を受け入れないといけないということであり、当然ながらこれは至難の業です。人間は自分の影を完全に統合するのは不可能ですが、それくらいの心がけが必要ということでしょう。

命を繋ぐ

ユングの心理療法が究極的に求めたのは自分の内にある敵対するものの統合を経て、セルフという内なる神ともいえる、心の全体性に到達することでした。それは個性化と呼ばれ、その人がもっともその人らしくなるということです。オーストラリアのユング派のデヴィッド・テイシー（Tacey, 2013）はユングが次第に、単に個というものを追求するだけでなく、彼をはぐくんだ土地、伝統に根付いていったことを指摘しています。垂直方向への関心だけでなく、水平方向への関心が広がったと。孤高を目指すのではなく、あたりまえの人々との交流や普通の日常に戻ることの大切さを忘れてはなりません。大地に根付いてこそ、スピリチュアルな世界へ思いを馳せることもできるのです。

はじめに紹介した金子みすゞの童謡は次のように続きます。

ちってすがれたたんぽぽの、
かわらのすきに、だァまって、
春のくるまでかくれてる、
つよいその根はめにみえぬ。
　見えぬけれどもあるんだよ、
　見えぬものでもあるんだよ。

命がひとつ終わったかのように見えたとしても、見えない土の中には次につながるものが隠れているのです。この長い生命の歴史の中に、与えられた一個の命として、自分もまた自然の一部として命を繋いでいく存在であると思えること。それがスピリチュアルケアの目指すものなのかもしれません。

文献

Jung, C.G. Über die Beziehung der Psychotherapie Zur Seelsorge. 1932. GW11.（村本詔司訳「心理療法と牧会の関係について」『心理学と宗教』人文書院、二八九頁、一九八九年）

Jung, C. G., Jaffé, A. *Erinnerungen, Träume, Gedanken von C.G. Jung*. Walter-Verlag Olten. 1963.（河合隼雄・藤縄昭・出井淑子訳『ユング自伝2』みすず書房、一八五頁、一九七三年）

金子みすゞ『金子みすゞ童謡集――私と小鳥と鈴と』JULA出版局、一一二―一一三頁、一九八四年

Tacey, D. *The Darkening Spirit: Jung, Spirituality, Religion*. Routledge, London. 2013.

第2章

心理臨床実践における スピリチュアルケアの臨床的意義

松田真理子

スピリチュアルケア、スピリチュアリティという言葉が喧伝されて久しく、WHOでは一九九八年に「スピリチュアル」な健康を加える憲章改正案を提案しましたが、結局採択には至りませんでした。その際、スピリチュアリティの意味内容について徹底的な国際比較と統計処理による標準化が試みられましたが、そこに付与される意味内容の多様性を浮き彫りにする結果となっていると岸本寛史（二〇一二）は述べています。

臨床現場には人生に行き詰まり、方向喪失状態となり、心の傷を抱えて多くの人々が来談されます。心の傷や苦悩は一人ひとり個別の体験であり、多くの人は自分の身の上に起きてしまった出来事を受け入れることができず、苦しんでいます。私たちの人生には時として理不尽な出来事や病、苦悩が降りかかって来ます。「このようなことが起きなければ良かったのに」と事実をなかなか受容できないことで、さらにもがき苦しみます。起きてしまった事実は変えることはできませんが、物事の捉え方を変え、自分なりの物語を紡ぐことができるようになった時、精神科医の加藤清と臨床家の實川幹郎（一九九六）のいう、苦悩によってわずらわされなくなったとき、苦悩が苦悩を癒すという現象が起こることがあります。「苦悩が苦悩を癒す時」とはその人の中のスピリチュアリティが目覚める時ではないでしょうか。スピリチュアリティの目覚めは静かに話を聞き、共に苦しみ、共に悲しみ、共に祈る人が傍らに寄り添っている時であると考えられます。そして、それは巧まずしてスピリチュアルケアの働きが起こる時でもあるのではないでしょうか。

そこで本論の流れとしてスピリチュアリティに関する先行研究を概観し、その上で「時間」の観点や、発症と狂気の観点も交え、スピリチュアリティ、スピリチュアルケアについて検討していきたいと思います。時間論からは日本を代表する画家・青木繁の生き様、発症と狂気からは金閣寺放火僧・林養賢について検討していきます。その上で筆者の臨床事例をもとに宗教性、スピリチュアリティの発露について検討していき、スピリチュアリティ、スピリチュアルケアとは何かについて考えていきたいと思います。

スピリチュアリティに関する先行研究

宗教学の泰斗である島薗進（二〇二二）は現代社会における宗教や宗教性を理解する上で重要なことの一つとしてシステムとしての「宗教」が拘束力を弱め、より広く「宗教性」を備えたものも「宗教」と呼ぶことが多くなっていると指摘しています。そして個人が体現している「宗教性」を「スピリチュアリティ」という言葉で表すようになっていると述べています。さらに死や苦難、悲嘆などをスピリチュアルペインとし、体系的宗教という枠組みでは捉えられない経験領域の広がりの一方で伝統的儀礼の枠組みを尊重し集合的に伝承されてきたものの力への信頼、長い歴史をもつ宗教伝統が蓄えてきた知的・感性的資源の奥深さについて述べています。

日本におけるスピリチュアルケア研究の代表者の一人であり、チャプレンとして豊富な臨床実践を有している窪寺俊之（二〇二二）はスピリチュアルケア提供者とは神から召命を受け、患者への奉仕者となるとし、「目に見えない何か」を感じ取る感性、他者の弱さや痛み、苦悩を察して労わる「優しさ」、この宇宙の法則、目には見えない人の真心、愛情、誠実さ、勇気を「信ずる心」の重要性を指摘しています。

臨床心理士であり長らく日本心理臨床学会、日本スピリチュアルケア学会を牽引してきている瀧口俊子（二〇二二）は個人的にスピリチュアルケアについて想い巡らすようになったのは小児科医として働き盛りであった姉上が突然、天に召された時であると綴っています。その上であの世も、この世も、年齢も、性別も、人種も越えてスピリチュアリティは共有されており、人間の、動植物の、この宇宙のすべての「たましい（魂）」に頭をたれることこそスピリチュアルケアではないかと述べています。そしてスピリチュアルケアに専門的に携わるには①スピリチュアリティへの理解と畏敬、②人間存在と関係性へのアセスメント（的確な判断）、③スピリチュアルケアの知恵と技法に関する同志との切磋琢磨が不可欠であると述べています。

宗教学者であり臨床心理士・公認心理師である大村哲夫（二〇二二）はスピリチュアルケアの基本は傾聴であり、相手の話をじっくり聴き、相手の置かれている状況を知り、相手の立場に立って受け止めることが相互の関係を築く上で何よりも大切であるとし、「その人の見ている「世界」を見ようとすること」の重要性を指摘しています。またスピリチュアルケアとは「宗教性に開かれた心理臨床」であるとし、心理臨床とスピリチュアルケアは本質的に異なるものではないと述べています。大村（二〇一五）のいう宗教性とは「自他を超越した存在に対する合理性にとらわれない態度」です。また大村（二〇一五）はスピリチュアリティと倫理について詳述し、スピリチュアルケアは技法より人格に依拠したケアであり、自由で多彩な実践にあたって、倫理という「枠」が欠かせないとしています。そしてとくに重要なことはケア対象者を傷つけないという大原則を前提に、ケア対象者の尊厳を守り、その自立を支援し、多重関係を避け、秘密を守ることであると述べています。

精神科医であり、大阪国際がんセンターで緩和医療における臨床実践を行っている和田信（二〇二二）は熱心にスピリチュアルケアに取り組もうとしている人ほど、自分自身の心の動きに気をつけなければならないと述べています。自分自身の動機と生き方、心の軌跡を振り返り、対人援助の場に意図せずして自身の心の問題が入り込む危険をできる限り少なくするよう努力し続ける必要があることを指摘しています。そしてスピリチュアルケアを提供する側、受ける側の双方に豊かな多様性があり、その人に合った出会いの可能性が豊富に開かれていることの重要性を述べています。

内科医であり緩和ケアに長年携わっている岸本寛史（二〇二二）はスピリチュアリティとは明確に定義される概念というより、「物語」として捉える方が良いのではないかと述べ、それは「同じ現象に対して複数の異なる意味付けを可能とするようなアプローチ」であり、「唯一の正しい物語」が存在するとは考えない態度をとることだとしています。

敬虔なクリスチャンであり、精神科医の濱田秀伯（二〇一五）は、「祈りとは人間を次元の異なる二つの方向、すなわち垂直方向にある聖なるもの、永遠者、宇宙、神などと、水平方向にある他者との両方に働きかけ、互いを一つに結びつけること」と述べています。垂直方向にある聖なるものとの出会いとはまさにヌミノースな体験であり、この体験に魅了され呑み込まれるのではなく、水平方向に存在する家族や友人との関係性に感謝し、謙虚さを忘れないことが祈りの本質となり、現実に根ざした建設的な生き方に繋がると考えられます。

日本には宗教性と深く関連した「森田療法」があります。精神科医の森田正馬（一九三二／一九七五）は以下のように述べています。


人生は、苦は苦であり楽は楽である。「柳は緑、花は紅」である。その「あるがまま」にあり、「自然に服従し、境遇に従順である」のが真の道である。毎日の心持を引き立たせる最も安楽な道である。憂鬱や絶望を面白くし、雨を晴天にし、柳を紅にしようとするのが、不可能の努力であって、世の中に、これ以上の苦痛なことはない。人生は腹が減れば食べたく、腹がはれば食べたくない。いつも食べたく、美味でありたいというのが、思想の迷妄であり、哲学・宗教の邪道であるのである。

上記にあるように森田は「いつも食べたく、美味でありたいというのが、思想の迷妄」であると、事実を受け入れずその逆さまを願うことは思想の迷妄であるという厳しい言葉を我々に投げかけています。よって森田は我への執着をあきらめ、「あるがままに」に自己を委ねることを尊重しています。

研究者であり経験豊富なチャプレンでもある小西（二〇二三）は臨床実践を通し、「インターフェイス（interfaith）」という概念を呈示しています。インターフェイスとは異なる信仰を持つ関係性において「提供者」が自らの宗教に基づき「対象者」を導くのではなく、異なるビリーフ（belief）を有する者同士が相互異他性を認め合い、自らの宗教や信仰を「押し付けない」ことの重要性を論じています。スピリチュアルケアのニーズが高いのは緩和ケア病棟だけではなく化学療法などの治療病棟の方がさらに高いニーズがあり、それは告知された時、再発・転移した時、抗がん剤が効かなくなってきた時、緩和ケア病棟への移行を考え始めた時であると述べています。そして米国コンセンサス・プロジェクト（National Consensus Project）によるスピリチュアリティの定義とは「人間性の一側面であり、個人が意味や目的を追求・表現し、その瞬間、自己、他者、自然、そして意義深いもの、聖なるものとの関係性を経験する仕方に関わる事柄である」と紹介しています。ここで呈示されている定義はスピリチュアリティのことであり、スピリチュアルケアについてのものではないということに注意を喚起しています。そしてスピリチュアルケアの臨床経験から人が「生き方」を見失った時、「自分の置かれた現実をどう捉えるか」「現実に直面して自分はどうしたいのか」「自身は具体的に今の置かれた現実の中でどのような行為・判断を選択するのか、同意決定するのか」という「生の三要素」である「認識」「目的価値」「行為」の追求が重視されると述べています。そして精神的な行き詰まりが解消した際に神秘体験が訪れることがあるとし、「永遠とは現在そのものであり、時間も空間もない次元、それこそがリアリティそのものである」と認識するのだと述べています。

ユング派の分析家である豊田園子（二〇二二）は世阿弥の『風姿花伝』（野上・西尾校訂、一九五八）の中に記載されている男時、女時について引用し、女性的な時、女性の知恵の回復、女性のスピリチュアリティについて論じています。豊田が世阿弥の『風姿花伝』から引用した箇所をご紹介しましょう。

「時の間にも、男時《おどき》、女時《めどき》とてあるべし。」

「この男時、女時とは、一切の勝負に、定めて、一方色めきて、よき時分《じぶん》になる事あり。これを男時と心得べし。勝負の物数久しければ、両方へ移り変り〳〵すべし。」

豊田は男時とは上昇運、女時とは下降運、ツキの良さ、悪さの意味と一般的に解釈され、女時にあってはどんなに努力しても思うほどの効果が得られないから、身を引いてじっと耐えて精進し、謙虚な気持ちで力をため、次に男時が巡ってきた時を逃さないようにするのが肝要だと述べています。さらに豊田は時というものを男と女に色分けしたことが意味深いとし、女性を男性とは異質であるとし、不遇の時も人に深みを与えるという意味として捉えるなら女時はなくてはならないものであると述べています。一見すると否定的側面のように見える女時を人生において不可欠なものであるとし、その中にこそ女性のスピリチュアリティを見出す知恵の重要性が論じられています。そして豊田は臨床現場においてクライエントの現在の問題だけに目を奪われるのではなく、彼／彼女の内なるセルフ、内なる神が何を言おうとしているのかに謙虚に耳を傾け、ひとつの答えを求めようとせずに、常に多くの可能性に開かれていること、矛盾したことをそのまま受け入れられること、何もわからない状態に耐えられること、これらすべては女性的スピリチュアリティが働いているといえないだろうかと指摘しています。またことばではなくイメージを重視し、イメージをもとに自由に遊ぶ態度も女性的なスピリチュアリティに関係していると述べています。

臨床心理学の牽引者の一人であり、ユング心理学を日本に導入した河合隼雄（一九八六）は民話『うばすて山』を例に老人の知恵は逆転思考を特徴としていると述べ、殿様の「灰で縄をなってこい」という言いつけに村人が苦心していたところ、人生経験豊富な老人が「縄を固く綯ってそれを焼くと良い」と教えたことにより、村では老人が大切にされ、うばすてという悪習が止められたと述べています。河合はさらに無駄の大切さ、死と生の均衡、ただそこに居るだけの意味など、現代文明の盲点または逆説を示すところに老人の逆転思考の意味があると述べています。河合の述べた逆転思考の中に高齢期における知恵の重要性とスピリチュアリティ、さらには現代文明への妄信に対する警鐘を見出すことが可能ではないでしょうか。

スピリチュアリティとの近接領域について

ヨハネの福音書

今回、スピリチュアルケアの臨床的意義を検討する際、筆者の心にはスピリチュアリティの目覚めという観点と、プロテスト神学者であるルードルフ・オットー（Otto, 1917/2005）が呈示したヌミノース体験の観点を交えることの重要性という思いが沸き上がりました。筆者（松田、二〇〇六）はヌミノース体験に着目し、統合失調症者と健常者のヌミノース体験の異同について検討しました。
　筆者の家は仏教ですが、幼稚園から小・中・高校を通してカトリックの女子校において教育を受けました。幼少時より祈りの言葉や聖書の文言は、意味がわからないながらも常に身近にありました。スピリチュアリティを考える上で聖書の中にある以下の一節をご紹介したいと思います。

　エルサレムには羊の門の傍らに、ヘブライ語で「ベトザタ」と呼ばれる池があり、そこには五つの回廊があった。この回廊には、病気の人、目の見えない人、足の不自由な人、体の麻痺した人などが、大勢横たわっていた。（彼等は水の動くのを待っていたのである。それは、時々、主の御使いがこの池に降りてきて水を動かすことがあるが、水が動いた時真っ先に入る者は、どんな病気にかかっていても、癒されたからである。）※パーレン内の訳文は引用者が一部改変した。

　これは新約聖書のヨハネ福音書（五章二〜四節）（共同訳聖書実行委員会、一九九二）に描かれている場面であり、「水が動く」時とは無意識が蠢き心の深層が動く時であり、それは変容の可能性を孕んでおり、その機を逃さずにとらえることの大切さを示唆しているように思われます。そして心の深層が動く時とはスピリチュアリティの目覚めではないかと考えます。

ヌミノース体験について

次にヌミノース体験について呈示したいと思います。ヌミノース体験とはドイツのプロテスタント神学者であるオットーが著書であるDas Heilige(『聖なるもの』)(Otto, 1917/2005)の中で提出した概念です。オットーの言うヌミノースとは①宗教体験における感情の普遍的な存在、②本来概念把握が不可能な述べ難いもの、③畏怖と魅惑を伴ない、特別な体の影響を引き起こす超自然的で二律背反的な特殊な感情、④絶対他者の存在を指標としています。オットーがヌミノースの指標の中に「概念把握が不可能な述べ難いもの」と挙げている通り、本来ヌミノース体験は言語表現の俎上に乗らないことにその本質があり、言語成立以前の段階に属する体験とも言えるでしょう。

オットーのいう「聖なるもの」を捉える際に重要な視点は、「アプリオリ」であることと、聖なるものを捉える「預覚の能力」です。アプリオリとは経験によって身につけるのではなく、先験的、生まれながらに持っている、という意味であり、オットーは「聖なるものの現われを純真に認識し確認するある能力」を「預覚Divination」と名づけました。預覚は「経験的なものの中にまたはそれにおいて超経験的な事物の根底と意義とを把握すること」で「時間的なものの内での永遠なるものの直観」と考えられます。この「預覚」は人間が精神を有するものである限り、すべての人間が普遍的に持ち得るものであるとオットーは述べています。

画家・青木繁の生きた時間——神話的時間、球体的時間、永遠なる現在

絵画、音楽など優れた芸術作品は時空を超えて見る人、聴く人の心に多くのものを訴えかけてくると思います。時には一枚の絵画との出会いによってそれまでの生き方を見つめ直し、大きな転換点を得るほどの起爆力を感じることもあるのではないでしょうか。

ここでは明治を代表する夭折の画家・青木繁について扱い、その生き方の中にスピリチュアリティを見ていきたいと思います[1]。

青木繁（一八八二〜一九一一）は明治一五（一八八二）年七月一三日に福岡県久留米市に旧久留米藩士の父青木廉吾、母マサヨの長男として生まれました。青木には姉、弟、妹、末弟の四人の同胞がありました。青木家は代々茶道、礼法をもって藩に仕えた家柄であり、祖父宗龍はとくに茶道の道で有名でした。父は明治維新の際は勤皇党応変隊の支隊長格として活躍し、維新後は法律を勉強し、代言人となりました。父は大酒家で、気性が激しかったと言われ、青木は幼時において父から厳しいしつけを受けたといいます。母方祖父は医師で、性格は謹厳で、篤学であり、青木が幼少の頃は青木の勉学の面倒をみていました。母は鷹揚で優しい性格であったといいます。

明治二八（一八九五）年、青木は中学明善校に入学し、同級生たちと文藝回覧雑誌『画藻』を作り、またこの頃より久留米在住の洋画家である森三美のもとで洋画の手ほどきを受けました。明治三二（一八九九）年に明善校を退校し、島崎藤村の『若菜集』を片手に、画家を志して上京し、同年七月に小山正太郎の画塾である不同舎に入門しました。その後、明治三三（一九〇〇）年に東京美術学校（現・東京藝術大学）西洋画科選科に入学し、黒田清輝、藤島武二らに師事しました。この頃より青木は上野の帝国図書館に通い、古事記、日本書紀をはじめとし諸国の神話、聖書、宗教書、西洋の古典などを耽読し、古典世界や最新の美術動向に関する知識を得ました。青木が画壇に登場する明治三〇年代は文学界、美術界ともに、浪漫主義的な風潮が強くなる時期で、この時代背景と青木の生来の文学趣味が結びつき、青木の芸術は成立しました。青木は一九世紀中庸におこったイギリスのラファエル前派の流れをくむエドワード・バーン＝ジョーンズ（Edward Burne-Jones; 1833～1898）、あるいはフランスの象徴主義の画家であるギュスターヴ・モロー（Gustave Moreau; 1826～1898）の影響を大いに受けています。

明治三六（一九〇三）年の白馬会第八回展に青木は『黄泉比良坂《よもつひらさか》』『闍威弥尼《じゃいみに》』などの神話画稿十数点を出品し、白馬賞を受賞し、画壇へ彗星のごとく踊り出ました。明治三七（一九〇四）年七月に東京美術学校を卒業し、七月中旬から八月末まで、坂本繁二郎、森田恒友、女流画家であり恋人でもあった福田たねらと房州布良《めら》で過ごし、滞在中に『海の幸』『海景（布良《めら》の海）』などを制作し、同年秋の白馬会第九回展に『海の幸』を出品し、大きな注目を集めました。

明治三八（一九〇五）年八月末に茨城県真壁郡において福田たねは青木との子である幸彦（福田蘭童）を出産しました。同年秋の白馬会第一〇回展には『古事記』上巻にある大国主命の受難を題材とした『大穴牟知命《おほなむちのみこと》』を出品しています。

明治三九（一九〇六）年末から栃木県芳賀郡水橋村の福田たねの実家に寄留し、明治四〇（一九〇七）年一月からは『古事記』の海幸彦の物語を題材とした『わだつみのいろこの宮』の制作に没頭し、同年の東京府勧業博覧会に大いなる自信を以て出品しましたが、結果は三等末席という不本意なものに終わり、中央画壇に対する青木の怒りは爆発しました。同年八月に父危篤の報を受け、実家に帰省しました。父の死後、家族の問題や、福田家との問題に何ら解決策を講じることはできず、家族と衝突し、放浪生活に入っていきました。明治四二（一九〇九）年から熊本県天草や福岡県久留米、明治四三（一九一〇）年になると佐賀県内各地を渡り歩きました。

明治四三（一九一〇）年一〇月に喀血するようになり、一一月に肺結核の悪化により、福岡市東中州の松浦内科医院に入院しました。闘病の甲斐無く、明治四四（一九一一）年三月二五日に同病院において死去しました。享年三〇歳（満二八歳）でした。

青木の作品が『黄泉比良坂』で始まり、『朝日』で終わったことは、彼が「終わりから始まりへ」「死から生へ」という神話的時間、円環的時間を生きた傍証とも言えるのではないでしょうか。それは河北倫明（一九四八）が指摘するごとく「渦や我輪回《ママ》の運命流れては　またもともどり　かくて年経る」、「流れては　またもともとへ　繰りかへる　渦に漂ふ　わが運命かな」などの青木の短歌にも象徴されていると思います。

木下杢太郎（二〇〇三）は青木の絵が「ある抽象的な永い動作のある瞬間を仕切ったもの」であると述べています。さらに木下は『海の幸』（一九〇四）について、背景の「海」を「時間」「宇宙」として捉え、前景の「人間」は「努力」「運命」といった抽象的概念を表現していると指摘し、「青木氏は概念を（形象的に）対比し、それを永遠を象徴したる瞬間を以て表はし、且「観相の悲哀」をその効果として出した」と述べています。

小林聡幸（二〇〇八）はドイツの作曲家ツィンマーマン（Zimmermann, B. A.）の全体像を「球体的時間」という時間把握から論じています。「球体的時間とは、端的に言うと過去と現在と未来が球体状にたわんで現前しているという時間観です。過去も現在も未来もすべてが魂において現前するというアウグスティヌスの時間思想から影響を受け、宗教的には彼が好んでテクストとして使う旧約聖書の「伝道の書」にあるように、神のわざは永遠に変わらず、そこに加えるものもそこからとるものもないという思想に裏付けられている」と述べています。そしてツィンマーマンは瞬間の中で無時間的に響く和音の中には音程を介して過去・現在・未来を含む時間の流れが統一されているとし、このような時間を「異なる時間が同時進行する」という「多元的な」音楽で実現しようと試みました。木下の指摘した「永遠を象徴したる瞬間」という時間軸は小林（二〇〇八）が述べる「球体的時間」と同様の位相だと考えられます。

青木は神話世界に題材を求めることにより、自分が生きた時空を超え、過去と現在と未来が球体状にたわんだ球体的時間、あるいは円環的時間、神話的時間を生きたと言えるのではないでしょうか。

先程述べたようにドイツのプロテスタント神学者であるオットー（Otto, 1917/2005）のいう「聖なるもの」を捉える際に重要な視点は、「アプリオリ」であることと、聖なるものを捉える「預覚の能力」です。オットーは「預覚」を「時間的なものの内での永遠なるものの直観」であり、すべての人間が普遍的に持ち得るものであると考えました。この観点からすると「永遠の現在」なる概念が我々に在るのは進化の過程で獲得したものではなく、アプリオリに所与されたものであると考えられます。

阿部（一九七三）によれば、宗教的観点から「時間」をみると、ミルチャ・エリアーデ（Eliade, 1968/1974）の呈する「聖なる時間」、キリスト教における直線的な反復不可能の一回的時間観、仏教における業や輪廻からの解脱、円環的時間そのものからの脱却などの時間観があります。キリスト教には古代人の円環的回帰的時間観を突破する直線的な反復不可能の一回的時間観があります。一方、「無我」を根本とした仏教は無我の自覚による業や輪廻からの解脱、円環的時間そのものからの脱却に真の人間救済の道を見出しました。仏教における時間は、キリスト教的な創造と終末をつなぐ直線的時間ではなく、どこまでも無始無終であり（その意味で無限に直線的であり）、同時に往還反復自在な（その意味で絶対的に円環的な）時間です。それは時間ならざる時間、時間性を脱却したような時間、あらゆる刹那が即永遠であるような時間とも言えるでしょう。

『朝日』（一九一〇）は青木の絶筆です。太陽の光は水面に照り返し、ここは空と海だけの世界、天地開闢以前の世界です。青木の人生は死を迎えることによってようやく「始まり」に立つことができたと考えられます。青木は「どこまでも無始無終であり、同時に往還反復自在な時間」、「あらゆる刹那が即永遠であるような時間」

に生きたのではないでしょうか。それは小西（二〇二三）が述べた「永遠とは現在そのものであり、時間も空間もない次元、それこそがリアリティそのものである」という事態とも通底していると考えられます。短い人生を駆け抜けた青木自身は生きることに精一杯で自らの心の内奥を見つめることはなかったかも知れませんが、青木がその短い人生の中で命を削るようにして遺した絵から、我々は青木の真摯な生きざま、スピリチュアリティの顕現を感得することができると思います。

金閣寺放火僧・林養賢における心の深層とスピリチュアリティ

次に気鋭の論客である精神科医・内海健（二〇二〇）による金閣寺放火僧・林養賢の分裂病発症についての視座を援用し「時」と「発症」についてを見ていきたいと思います。その上で人が精神を病んでなお、精神性、スピリチュアリティを保持するとしたらそれは何かを検討していきたいと思います。なお、分裂病は現在、統合失調症と呼称されることが一般的ですが、本論では内海（二〇二〇）が敢えて使用している分裂病という病名呼称を使用したいと思います。

鹿苑寺（金閣寺）で徒弟をしていた林養賢は昭和二五（一九五〇）年七月二日未明に金閣に火を放ちました。この一連の凶事について養賢が司法による取り調べ、公判、鑑定のいずれの段階においても放火の動機を問われた際、「わからない」という一貫した態度をとり続けたことについて内海（二〇二〇）は「人が真実を述べる時、その者は狂人とされる。真実は耐え難いものであり、多くの者は妥協して、動機を捏造する」と述べています。養賢は結核及び分裂病を発症し、当時、もっとも偏見の対象となった精神と身体の重篤な疾患を満身で蒙っていたと内海は指摘しています。そして医学の経験則ではTrousseauの法則という「新しい傷は古い傷を軽くする」を引用し、精神科の病気は重い身体疾患発症や大怪我をした際、身体的クライシスに際し、生体のもつ自然治癒力が発動するため、精神的病状が軽快、治癒する場合があると述べています。しかし養賢は結核を発症しても分裂病が寛解することなく、分裂病も結核も進行性の経過をたどりました。このことにより養賢の病の苛烈さを感じざるを得ないと内海は述べています。長年、統合失調症と共にあった患者が晩年に身体疾患を発症することにより精神疾患が寛解することを筆者はしばしば精神科医から聞くことがありますが、それはある種の老いの恵とも言えるのではないでしょうか。

内海(二〇二〇)は、症状とは病気の兆候であり、人は病んでいることを自覚し医師は医学的診断を下すのですが、症状は回復の営みでもあると言います。幻覚や妄想のある事例の方が病が局在化され、人格全体に浸食することを免れるため、症状のとらえどころの難しい事例より経過が良いことが多いと内海(二〇二〇)は指摘しています。さらに「症状」は単独で存在するものではなく、語る相手がおり、聞き出されることによって存在を獲得すると述べています。症状は他者との間、さらには制度との間で作られると内海は述べています。一般的に狂気のポテンシャルは症状によって減圧されますが、養賢に胚胎した狂気のポテンシャルは様々な偶然が重なり、制度的なものをすり抜け、極限まで突き抜けてしまったと内海は指摘しています。養賢は司法や精神鑑定という強い制度との接触に際しても症状を産出せず、物語を作ることなく、事実だけを述べ、動機については分からぬという態度を貫き、ただ金閣を焼いたということを真率に示しましたが、それは零度の狂気と呼ぶべきものであると内海は述べています。岸本(二〇二二)はスピリチュアリティとは明確に定義される概念というより、「物語」として捉える方が良いのではないかと述べ、それは「同じ現象に対して複数の異なる意味付けを可能とするようなアプローチ」であると述べていますが、人間が自分なりの物語を紡ぐことの重要性は狂気の発動を制御するためでもあるのではないでしょうか。

内海（二〇二〇）は「人の二足歩行は他の種にはないほどの巨大な脳をもたらしたが、そのこと自体、人は他の種に比べ畸形である」とした上で「そもそも言語のようなものが作り上げられたのは、人という自然種としての畸形が、何らかの欠損を抱えているからであり、それを補うものとして要請されたからだろう。言語はメディウム（媒質）であり、それを通してわれわれは身体や他者と接続している」と述べています。さらに「かつて、言語は人間にとって遠い存在であった。神の言葉は選ばれた人のみ預けられ、聖典に刻まれた文字は、権威によって咀嚼された上で、伝えられた。真理は別の場所にあったのである。こうした言語が、人間に、そして個人の手に委ねられたとき、近代的な主体が誕生する。みずからが言語の主人であり、真理の保証人であるとした」と述べています。そして芥川龍之介が死の二週間前に書いた『西方の人』（一九二七／一九六八）の中から以下の箇所を紹介しています。

「我々を造つたものは神ではない、神こそ我々の造つたものである。」――かう云ふ唯物主義者グウルモンの言葉は我々の心を喜ばせるであらう。それは我々の腰に垂れた鎖を截《き》りはなす言葉である。が、同時に又我々の腰に新らしい鎖を加へる言葉である。のみならずこの新らしい鎖も古い鎖よりも強いかも知れない。神は大きい雲の中から細かい神経系統の中に下り出した。

内海はこの箇所を呈示し、芥川が死か発狂かという汀《みぎわ》で迫りくる狂気の姿を明晰に描きだしたとし、神（他者）とは言葉であり、それが脳髄の中に降り下ってくると指摘しています。

高齢者が認知症発症や脳梗塞の後遺症により適切な言語理解や発語ができなくなる場合がありますが、言語が何らかの欠損を補うものとして人間に出来したとしたら高齢者が言語を手放していくことは、本来の生命体の姿に戻ることを意味しているかもしれないと考えられないでしょうか。そしてそれは言語によって象られたもの以外、非言語的なものへの回帰を意味しており、老いや病の中に宿る原初への回帰、スピリチュアリティの発露とも捉えることができるのではないでしょうか。豊田（二〇二二）がことばではなくイメージを重視し、イメージをもとに自由に遊ぶ態度も女性的なスピリチュアリティに関係していると述べたように言語のみに頼るのではなくイメージを重視することにより、人は老いや病の中にあったとしても新たな可能性の扉が開かれると考えられます。

そしてスピリチュアルケアにおいて臨床家はすべてを言語化に帰するのではなく、豊田（二〇二二）が述べたように、ひとつの答えを求めようとせずに、常に多くの可能性に開かれていること、矛盾したことをそのまま受け入れられること、何もわからない状態に耐えられることによって女性的なスピリチュアリティを大切にすることに繋がっていくのだと思われます。「矛盾したことをそのまま受け入れられること、何もわからない状態に耐えられること」は帚木蓬生（二〇一七）が述べている答えの出ない事態に耐える力、ネガティブ・ケイパビリティと通底していると考えられます。便利で迅速に物事が解決し、高度なテクノロジーにまみれた現代を生きている我々は、合理性を過剰に重視し、すぐに結果や答えを欲しがる傾向が増していますが、「答えの出ない事態に耐える力」こそ女性的なスピリチュアリティと領野を同じくしていると捉えることにより、人間の力を遥かに超えた大いなるものからの守りに気づくのではないでしょうか。また、そこには河合隼雄（一九八六）が述べた逆転思考による知恵が宿っているようにも思います。

養賢が司法による取り調べ、公判、鑑定のいずれの段階においても放火の動機を問われた際、「わからない」という一貫した態度をとり続けたこと、そこには人間が本来、立ち会うことが不可能な零度の狂気が出来したと内海（二〇二〇）が述べています。養賢はまったく無自覚なまま「答えの出ない事態に耐える姿」を我々に示してくれたとも言えるのではないでしょうか。養賢の内奥を丁寧に検討することは、狂気の極北であるスピリチュアリティの何らかの様態に接近する道筋ではないかと考えられます。さらに零度の狂気とスピリチュアリティは同じ事態の表裏ではないかとさえ考えられるのではないでしょうか。

筆者の臨床事例

次に筆者が臨床心理士として非常勤勤務していた企業の健康相談室で担当した四〇代男性の事例を概観し、妻の自殺、子どもたちの成長、裁判、宗教性という多角的観点から検討し、男性クライアントについてのスピリチュアリティについて検討したいと思います。その際、心理療法においてセラピストが宗教性、スピリチュアリティという観点を持つことはどのような意義があるのかについても検討したいと思います。事例発表に関してはカウンセリングが終結した一年後にクライアントと企業の了解を口頭で得ており、事例の特定ができないよう事例記述に際し倫理的配慮を行ないました。[2]

事例の概要

事例　四〇代男性　A

月に一回五〇分の無料面接。場所は企業内健康相談室の面接室。

主訴：妊娠中の妻が「死にたい」と訴え、事態が逼迫しているので対応を教えてほしい。

期間：X年二月〜X＋三年一二月　合計四五回

家族　初回来談時

本人A　男性四〇代　会社員

妻　三〇代　専業主婦　第二子妊娠六か月

長男　三歳　幼稚園

生育歴・現病歴

Aの実家の母親は過保護で過干渉傾向があった。大学卒業後、企業に就職。職場適応はよく、周りからの評価は高い。二〇代後半で肺結核罹患。三〇代前半で妻と社内恋愛で結婚。三〇代に四年間のうつ病罹患歴あり。服薬治療終了後、不妊治療により長男を得たが、抗うつ薬服薬治療による影響を考え、挙児への不安があったという。Aは実家の両親との交流は乏しく心理的に疎遠であり、信頼感は希薄だった。

臨床像

中肉・中背。誠実そうな人柄がにじみ出ている。一方、思考の柔軟性にやや乏しく思い詰めると軌道修正しにくい傾向がある。物事を他者に依頼することが極めて苦手。

見たて

妊娠中の妻からの育児不安と自殺願望に曝され、うつ病罹患歴のあるAの不安が亢進し再発の危険性があると思われた。また、妻は自殺の方法に具体性を帯びた発言を繰り返しており、自殺決行の可能性が極めて高いと判断した。夫婦共倒れを回避するため入院加療による妻の安全確保とAの休息確保、うつ病再発防止が必須であると考えた。長男については、発達障害も考慮されたが、母親の育児不安に対する情動反応によって母親への反発が亢進し、母子間での葛藤が増大している可能性もあると考えた。

事例の経過

第一期　#1〜#13　妻の自殺と重複障害のある次男誕生　X年二月〜X＋一年二月

「妻は長男が発達障害ではないかと悩み、育児ノイローゼになった」とAは話を切り出した。妻は大学病院精神科受診。『お腹の子どもを堕ろす』『死にたい』『マンションから飛び降りて死ぬ』『包丁で刺し殺してくれ』と切迫した状態になっており、妻の対処法を教えてほしいと切羽詰まった心境を吐露した。セラピスト（以下Thと記載する）は妻が自殺の具体的方法について言及していることから自殺の可能性が極めて高いと判断し、妻が通院中だった病院での入院治療を勧めた（#1）。妻は医療保護入院したが、その二日後に病室で首吊り自殺し、心肺停止で発見されたが蘇生した。次男は六九〇グラムで強制出産となり、NICU（未熟児集中治療室）

対応となったが重篤な重複障害があり、頻回に手術を重ねることになった。Aが当面の休職を希望し、職場環境の調整に入った（＃2）。首吊りの約四〇日後に妻は死亡した。Aは「息子を立派に育てることが妻に対する供養だと思う」と語った。

第二期　＃14〜＃20　妻の損害賠償裁判　X＋一年三月〜一〇月

Aは妻の死亡後、弁護士を立て病院に妻の損害賠償訴訟を起こしたが、安全管理の対応について病院側は瑕疵を認めなかった。次男はNICUから小児病棟に移った。「裁判は辛いが真実を明らかにするためやり抜いていく決心を再びした」というAに対し、Thは裁判に拘泥せず訴訟を取り下げることも一つの選択肢であると伝えた（＃20）。

第三期　＃21〜＃35　新しい出会いと裁判における試練　X＋一年一一月〜X＋三年一月

長男の幼稚園の先生から『おつきあいしたい』という手紙をもらい、正式に交際が始まった。Thは驚くと同時にAに新たな出会いが訪れていることについて見守りたい気持ちが沸き上がった（＃21）。その頃、Aから夢の自発的な報告があった。

夢①　B駅を歩いていたら緊急地震速報があり、核爆発が起きて、自分は火だるまになって焼けただれて病院に行く。病院には妻（交際中の婚約者）の妹とお母さんがいた。

夢②　山に登る夢。C山に登りたいと思い、自転車で登った。歩いて登る途中にコスモスが咲いている。頂上には神社があって周りに田んぼがある。

その後、「裁判は全面敗訴。控訴手続きをし、五〇日以内に書類提出予定」と報告があった。控訴状作成のため面談記録のコピーが欲しいと要望があったが、新たな家族との人生、仕事への集中などにこそエネルギーを使うことが大切ではないかと伝えた（＃35）。

第四期　＃36〜＃45　再婚、裁判における和解、長女誕生　X＋十三年二月〜一二月

Aからの強い依頼と会社側の提出許可により、Thの面談記録の複写をAに渡した（＃36）。妻の自殺の実行可能性の高さについてThが詳述した部分をもとに弁護士が控訴状を作成し、提出した。（＃37）。長男は無事に卒園し、小学校に入学した。同月、婚姻届を出し、新妻はすぐに身籠もった。その後、再び夢の自発的な報告があった。

夢③　大きな川があり、長男と二人で川に降りようとするが降りられない。やっと降りることができる。綺麗な川と滝があった。水に入って気持ちがいい。

Aは菩提寺の住職に元妻が自殺だったことを話すことができたという。住職からの言葉かけは『最大の供養は「忘れること」』だったという。その後、裁判の和解が成立したことが報告された。和解内容は以下の通りであった。

①病院がAに妻の賠償金として一〇〇〇万円を支払う。
②亡くなった妻、次男の医療費は病院が全額支払う。

「この四年間は妻の死、次男の重い障害など辛いことが多く、裁判は大変だったが結果的に裁判でよい区切りがつき、新しい出会いで妻を得て、長女も授かった。人生のこの展開に驚くと同時に寄り添ってくださった先生に心から感謝している。自分の夢の中でみた神社に守られているようだ」と語った。

妻と長男と一緒に前妻の墓参りをし、裁判について前妻に報告した。上司も裁判の和解を喜んでくれたという。その後、再び夢の自発的な報告があった。

夢④　コスモスを植えた。山の上に神社があってコスモスが植わっている。神社の前で静かに手を合わせている。庭のベランダにもコスモスを植えた。

一つの区切りがついたのでカウンセリングはここで終結となった（#45）。

考察

妻の自殺について

Ａの来談のきっかけは妻が育児ノイローゼになり、「死にたい」と訴えたからでした。妻は入院後、心肺停止の状態で発見されましたが蘇生し、ＩＣＵで生きながらえ、約四〇日後に死亡し、次男は生まれた時、「もって三日」だと言われていたとのことですが、多くの障害を持ちながらもカウンセリング終了時も成長し続けていました。あたかも母親が自分の命を次男にバトンタッチしたかの如くです。

子どもに恵まれなかった夫婦が不妊治療によってようやく授かった長男の養育が引き金となり、夫婦関係に大きな亀裂をもたらし、妻が自殺に至ったということを勘案すると、もし夫婦に子どもがなかったなら、妻は自殺に至らずに済んだのかと考えさせられました。

裁判について

医療訴訟は病院側の明白な落ち度がない限り、患者側が勝訴することは極めて難しく、時間と訴訟費用を労するだけの結果に帰しやすいのが現状です。裁判は勝っても負けても心理的苦痛が伴うことを伝えて、Ａが訴訟を起こすことには反対しました。しかし、Ａは「亡き妻と子ども達のために真実を明らかにしたい」という強い願いから病院を相手取り、弁護士を立てて訴訟を起こし、約四年に亘って闘い続けました。一審判決はＡの全面敗訴となり、Ａは直ちに控訴し、控訴審では和解案が呈示されて、和解が成立しました。筆者はこの流れに深い天の配剤を感じました。裁判は心身共に想像を絶する疲弊を招きますが、人生の不条理に対する怒りと憤りを全面的にぶつけることのできる場としての裁判がＡの後追い自殺を防ぎ、うつ病再発をぎりぎりのところで食い止めて、Ａをこの世につなぎ止める防御弁として作用したとも考えられます。

子どもたちの成長から学ぶもの

母親が自殺した時、長男はわずか三歳でした。長男は『ママは僕がだっこ、だっことねだって困らせたから天国に行っちゃったの？』と聞いてくるなど、幼いながらに母親の死因を懸命に考えている様子が窺われました。長男は『お母さんがいてほしい。怪獣さん、お母さんいないの？　僕と一緒だね』『お父さんもお母さんも病院にいるの。病院で死んでしまうの』と母親だけでなく父親も死んでしまうのではないかという不安を吐露しています。

妻の死後、長男が懐いている幼稚園の先生から交際を申し込まれ、正式に交際が始まりました。長男の婚約者に対する暴力があまりに酷いため、Ａが長男に気持ちを聞いてみたら『新しいお母さんを好きになればなるほど、暴力が止められない。優しくできない』と話してくれたということでした。実母を亡くした哀しみ、婚約者への愛着と実母に対する罪悪感、幼稚園を転園せざるを得なかった悔しさなどが混じり合い、婚約者に対するアンビバレントな気持ちが攻撃の要因となっていた可能性が考えられました。その後、長男は車のドアで手を挟み指の爪がはがれる大怪我をしましたが、治療は嫌がらず、病院は「治るところ」と思うようになっていました。長男にとって以前は病院とは「死ぬところ」でしたが、この変化は大きいものと考えられます。

『新しいお母さんより前のお母さんの方がよかった』『パパと僕がもともとの家族だよね』と言う場面もあり、原家族に対する長男の深い思いが吐露されました。やがて亡くなった母親のことは『ママ』ではなく『ご先祖様』と言うようになりました。長男は『後何年たったらお父さん死ぬの？　お父さんが天国にいったら僕の子どもになって産まれてきて』とＡに言ったことに対し、Ａは「息子も前妻が亡くなってから辛い思いをたくさんしてきたが、ここまで成長してくれて感無量だ」と涙を流しながらカウンセリング全体を振り返りました。

夢の観点から

次にＡの四つの夢の報告を見ていきたいと思います。カウンセリング開始後、約二年九か月が経過した時点でＡが自発的に夢を報告しました。

夢①　Ｂ駅を歩いていたら緊急地震速報があり、核爆発が起きて、自分は火だるまになって焼けただれて病院に行く。病院には妻（交際中の婚約者）の妹とお母さんがいた。

夢②　山に登る夢。Ｃ山に登りたいと思い、自転車で登った。途中から自転車を降り、歩いて登っているとコスモスが咲いている。頂上には神社があって周りに田んぼがある。

夢①が報告された当時、Ａは早朝覚醒が続き、不眠の辛さを述べていました。筆者はＡに〈それぞれの夢からどのような連想をしますか？〉と問うとＡは核爆発は判決を目前にした、計り知れない程の恐怖の象徴であると連想しました。一方、火だるま＝死ではなく、死と再生という観点からみると裁判を一つの大きな区切りとしてＡの新しい人生が始まる予兆とも考えられました。夢①は畏怖や恐怖と同時に魅惑や新しい展開を内包しており、オットー（Otto, 1917/2005）の呈示したヌミノースにおける二律背反の側面を示していたと考えられます。病院にいた婚約者の妹と母親はＡの再生に必要な女性性の側面ではないでしょうか。夢②のＡの連想は途中から山を徒歩で登っていくことで古ぼけた小さな神社があることに気づくことができ、とてもほっとするという内容でした。神社はＡの守りであり、内なる宗教性の象徴であると考えられました。夢①では破壊的側面と再生に必要な女性性が表現され、Ａの宗教性の深まりが夢②の神社として表現されたと考えられます。その四か月後には以下のような夢の報告がありました。

夢③　大きな川があり、長男と二人で川に降りようとするが降りられない。やっと降りることができる。綺麗な川と滝があった。水に入って気持ちがいい。

夢③が報告された時は長男の卒園、小学校入学の時期と重なり、Ａは婚約者と入籍し、親子共々、新しい人生の門出にあり、Ａの連想は息子との共同作業、というものでした。ユング的解釈に基づけば川は無意識の象徴でもあり、水に入る心地良さを感じていたと考えられますが、Ａは再婚、長男は小学校入学など地に足をつけた現実適応能力を磨いていくことが求められていたと考えられます。

カウンセリングも終盤となり、裁判の和解が成立した後に見た夢が報告されました。

夢④　コスモスを植えた。山の上に神社があってコスモスが植わっている。神社の前で静かに手を合わせている。庭のベランダにもコスモスを植えた。

夢④では夢②で見たのと同じ小さな神社が出てきますが、夢②が報告されたのは裁判の判決を前にした不安と緊張のただ中でした。一方、夢④は裁判の和解が成立し、人生の新たな門出に立った時に見たものであり、神社の前で静かに手を合わせてＡは祈っています。Ａは「コスモスは大好きな花」と述べ、夢からは安心感を連想しました。夢④は濱田（二〇一五）が述べた垂直方向にある聖なる象徴の神社と水平方向にある家族や隣人を結んだＡの在り方そのものが表現されていると考えられました。最終回でＡは自分の夢の中でみた神社に守られているようだと深く感謝し、新たな人生の次元へと歩んで行きました。現実面では過酷な課題が山積していましたが、控訴審の和解、再婚、長女を授かるという新たな展開に繋がった背景にＡの内なる宗教性の目覚めと深まり、そして守りがあったと考えられます。

セラピストが宗教性という観点を持つことの意義

本事例は妻の自殺を巡っての損害賠償裁判の側面から死を扱う次元と、妻の死をいかに受け入れていくかという喪の作業を伴う次元が交錯しながら進んでいきました。妻の自殺と喪の作業、過酷な裁判の道程や子どもたちの養育をAが成し遂げていく姿の中に筆者は宗教性という観点を常に抱きつつ、寄り添いました。Aや子どもたち自身は当初、自らの宗教性には無自覚でしたが、筆者が宗教性の観点を抱きつつ、Aの話を聴くことにより、Aの中にある宗教性が賦活され、それはやがて長男の中にある宗教性の賦活にも伝播したと考えられます。長男は幾度となく母親の仏前で手を合わせ、母親がなぜ死んだのかを問うたり、新しい母親を迎えることへの疑問や報告を重ね、やがて亡き母親を『ママ』ではなく『ご先祖様』として捉え直していきました。長男の姿は知的理解としての宗教ではなく、森田（一九三二／一九七五）が述べた「あるがまま」としての宗教性の発露と考えられます。

長男がAに『僕の子どもになって産まれてきて』と伝えた言葉には素朴な輪廻転生思想が表現されており、母親の突然死という不条理を長男なりに咀嚼していった宗教的叡智であると考えられます。仕事、子どもの養育、裁判に追われるAの毎日は修行僧の苦行さながらであり、「生きること」そのものの苦しみから逃れることのできない人間存在の根源の呈示であると考えられました。両親には伏せた亡き妻の自殺を住職には話すことができたこと、住職が『忘れることが最大の供養』という時宜を得た言葉でAの哀しみを受け止める一方、新妻への感謝を忘れているAの驕慢さを叱責する峻厳な態度はAにとって大いなる宗教的な守りとなっていたと考えられます。

亡き妻の喪の作業は壮絶な苦しみを伴うものでしたが、様々な機縁が重なり、人間の意図を超えた大いなるものの働きによって後妻を得、女児を得るという展開は、Aの内なる宗教性、スピリチュアリティの目覚めにより、心理的な死と再生の布置が出来したと考えられます。

スピリチュアリティの根底にあるもの

心理臨床実践におけるスピリチュアルケアの臨床的意義について、先行研究や筆者の自験例も交え、検討しました。その際、加藤・實川（一九九六）の述べた「苦悩が苦悩を癒す時」という観点やオットー（Otto, 1917/2005）のヌミノース概念も交え、その人の中のスピリチュアリティの目覚めの観点から事例を通して検討しました。Aにとってのスピリチュアリティの目覚めは亡き妻の喪の作業という壮絶な苦しみの中、たゆまぬ努力をし続けた道程において、彼の周りの人々、自らの夢の中に出てきた神社、彼の子どもたちの成長により支えられ、守られることにより、巧まずして到来したのではないかと考えられます。そしてそれは「永遠なる今」を丁寧に生きることによってもたらされる恵ではないでしょうか。なお、Aの後追い自殺やうつ病再発を回避するために敢えて踏み込まなかった亡き妻とAの間に起きていた心の軋轢に対する内省は今後の課題として残されています。

また金閣寺放火僧・林養賢が司法による取り調べ、公判、鑑定のいずれの段階においても放火の動機を問われた際、「わからない」という一貫した態度をとり続けたことに対し、内海（二〇二〇）は零度の狂気が出来したと述べています。養賢は全くの無自覚なまま「答えの出ない事態に耐える姿」を我々に示しており、同時に先にも述べたように養賢の内奥を丁寧に検討することは、狂気の極北であるスピリチュアリティの何らかの様態に接近する道筋ではないかと考えられます。

先にも述べたようにオットー（Otto, 1917/2005）のヌミノース概念は①宗教体験における感情の普遍的な存在、②本来概念把握が不可能な述べ難いもの、③畏怖と魅惑を伴ない、特別な体の影響を引き起こす超自然的で二律背反的な特殊な感情、④絶対他者の存在を指標としています。これらの四つの指標はスピリチュアリティ概念と近接していると考えられ、とくに畏怖と魅惑を伴ない、特別な体の影響を引き起こす超自然的で二律背反的な特殊な感情との重なりが大きいと考えられます。スピリチュアリティはたんに聖なるもの、大いなるものと結びついているだけではなく、零度の狂気と背中合わせである可能性について考えることには意味があり、スピリチュアリティと悪の側面についても検討する必要性を記しておきたいと思います。

注

1　なお、本論は松田真理子「青木繁――神話的時間を生きたひとりの画家」（『日本病跡学雑誌』第八八号、五〇―六二頁、二〇一四年）の一部を加筆修正したものを記載しており、日本病跡学雑誌編集委員会の転載許可を得ています。本論は、以下の文献をもとに執筆されています。青木（二〇〇三）、青木画、日本アート・センター編（一九九七）、朝日新聞社編（一九八三）、河北（一九九一）、森山他編（二〇一一）、谷口（一九九五）。

2　なお、以下の事例は松田真理子「妻の自殺を経て人生の再構築に向かった中年期男性」（『心理臨床学研究』第三六巻第六号、五八九―五九九頁、二〇一九年）に掲載されたものであり、事例の概要や考察を簡略化した上で本論に記載することについて『心理臨床学研究』編集委員会の了承を得ています。なお、文体は常体から敬体に変更している箇所があります。

文献

阿部正雄「時間」小口偉一・堀一郎監修『宗教学辞典』東京大学出版会、二二三―二二八頁、一九七三年
芥川龍之介「西方の人」『現代日本文学大系　四三　芥川龍之介集』筑摩書房、一九二七／一九六八年
青木繁『青木繁全文集――假象の肖像（増補版）』中央公論美術出版、二〇〇三年
青木繁画、日本アート・センター編『新潮日本美術文庫　三二　青木繁』新潮社、一九九七年
朝日新聞社編『朝日・美術館風土記シリーズ　一〇　青木繁と石橋美術館』朝日新聞社、一九八三年
Eliade, M. *Traité d'Histoire des Religions.* 1968.（久米博訳『聖なる空間と時間』せりか書房、八七―一一八頁、一九七四年）
帚木蓬生『ネガティブ・ケイパビリティ――答えの出ない事態に耐える力』朝日新聞出版、二〇一七年
濱田秀伯『ラクリモーサ』濱田秀伯著作選集、弘文堂、二五一―二五五頁、二〇一五年
加藤清・實川幹朗「第八章　心理療法の歩みゆく道――明らかになったことと明らかにすべきこと」加藤清監修『癒しの森――心理療法と宗教』創元社、二四四頁、一九九六年
河合隼雄「ファンタジーの世界」伊藤光晴・河合隼雄・副田義也・鶴見俊輔・日野原重明編『老いの発見2　老いのパラダイム』岩波書店、一八七―二〇九頁、一九八六年
河北倫明『青木繁、生涯と芸術』養徳社、一九四八年
河北倫明『日経ポケットギャラリー　青木繁』、日本経済新聞社、一九九一年
木下杢太郎「海の幸（青木繁氏遺作画集の後へに書す）」青木繁『青木繁全文集　假象の肖像（増補版）』中央公論美術出版、二五二―二五八頁、二〇〇三年
岸本寛史「緩和ケアにおけるスピリチュアルケア」瀧口俊子・大村哲夫・和田信編著『共に生きるスピリチュアルケア――医療・看護から宗教まで』創元社、五九―七七頁、二〇二二年
小林聡幸『シンフォニア・パトグラフィカ――現代音楽の病跡学』書肆心水、一九四―二〇四頁、二〇〇八年
小西達也『インターフェイス・スピリチュアルケア』春風社、二〇二三年
窪寺俊之「キリスト教とスピリチュアルケア」瀧口俊子・大村哲夫・和田信編著『共に生きるスピリチュアルケア――医療・看護から宗教まで』創元社、一六六―一九二頁、二〇二二年
共同訳聖書実行委員会『聖書　新共同訳――旧約聖書続編つき』日本聖書協会、一九九二年

松田真理子『統合失調症者のヌミノース体験――臨床心理学的アプローチ』創元社、二〇〇六年
森田正馬「第十八回形外会　今日一日の心持を愉快にするには」『森田正馬全集　五』白揚社、一八七―一八八頁、一九三二／一九七五年
森山秀子・植野健造他編『没後一〇〇年　青木繁展――よみがえる神話と芸術』石橋財団石橋美術館、二〇一一年
大村哲夫「死にゆく人と出会う――在宅緩和ケアにおける心理臨床」瀧口俊子監修、大村哲夫・佐藤雅明編著『心理臨床とセラピストの人生――関わり合いのなかの事例研究』創元社、三一九頁、二〇一五年
大村哲夫「現代におけるスピリチュアルケア」「スピリチュアルケアと倫理」瀧口俊子・大村哲夫・和田信編著『共に生きるスピリチュアルケア――医療・看護から宗教まで』創元社、一二一―三一、三二六―三六二頁、二〇二二年
Otto, R.:Das Heilige Über das Irrationale in der Idee des Göttlichen und sein Verhältnis zum Rationalen, 23. bis 25. Auflage, C.H.Beck'sche Verlagsbuchhandlung München 1936、一九九一年版（華園聰麿訳『聖なるもの』創元社、二七―九六、一一一―一二九頁、二〇〇五年）
島薗進「宗教性とスピリチュアルケア」瀧口俊子・大村哲夫・和田信編著『共に生きるスピリチュアルケア――医療・看護から宗教まで』創元社、一三八―一六五頁、二〇二二年
瀧口俊子「おわりに」瀧口俊子・大村哲夫・和田信編著『共に生きるスピリチュアルケア――医療・看護から宗教まで』創元社、三九〇―三九四頁、二〇二二年
谷口治達『ふくおか人物誌　四　青木繁・坂本繁二郎』西日本新聞社、一九九五年
豊田園子『女性なるものをめぐって――深層心理学と女性のこころ』創元社、七五―九〇頁、二〇二二年
内海健『金閣を焼かなければならぬ――林養賢と三島由紀夫』河出書房新社、二〇二〇年
和田信「医療におけるスピリチュアルケア」瀧口俊子・大村哲夫・和田信編著『共に生きるスピリチュアルケア――医療・看護から宗教まで』創元社、三四―五八頁、二〇二二年
世阿弥著、野上豊一郎・西尾実校訂『風姿花伝』岩波書店、一九五八年

生きる——闘病記

生田　孝

それは二〇二三年三月一六日の未明に起きた。朝五時五〇分の目覚ましアラームを寝過ごしてしまい、午前八時半頃に目覚めたが起き上がれない自分に気づいた。あとで右前小脳動脈閉塞による小脳梗塞が起きていたことが判明した。心耳（心房の一部をなす耳殻状の部分）にできた血栓が小脳に飛んで詰まったのである。仕事の都合上一人暮らしをしていた私はまだ事の次第を飲み込めず、起き上がろうとしては倒れ込み、傍にあった扇風機の支柱をへし折ってしまった。只事ならぬ事態を自覚し直ぐに一一九番しようとしたが、スマホで電話をかけたことのない私は番号入力画面に行き着けず、何回も試みたが結局断念。台所にある固定電話の所へ這って行き、何かに摑まってようやくのことで上半身を起こし一一九番することができた。この際、過日、隣の独居老人が部屋で倒れて自分で一一九番したものの到着した救急隊が玄関ドアを開錠できず、カッターで切って救出したことを思い出した。その二の舞になってはいけないと、余力を振り絞って玄関ドアまで這って行き、開錠して救急隊の到着を待ったが、その時間はとても長く感じられた。

勤務先の総合病院に搬送されたのであるが、診断は上記の通り。症状としては運動調節障害で右半身の平衡機能が損なわれてしまった（大脳損傷では脳神経交叉により反対側に障害が出るが、小脳では同側）。具体的には、起座ができない、スマホ操作で指（同様に腕、脚）が的を絞れず揺れ動き勝手に動いてぶれるため、何度も打ち直し普段の何倍も時間がかかって結局は断念したり、あるいはやっと仕上げた文面がミスタッチであっと言う間に消えたりと、散々であった。ＰＣのキーボード操作も、それまでできていたブラインドタッチ入力が右手ではできなくなっていた。左手は以前通り意識もせずに指が動いてくれるのだが、右手はスマホのときと同じく勝手に指が動いて宙をさまよっていた。生活空間もベッド上のみとなり、トイレは介助で体を支えられて移動かベッドの上で尿瓶を使用、まさに正岡子規の「病牀六尺」のような生活となった。幸い読字には問題なかったが、右反回神経麻痺による半側声帯麻痺が起きて嗄声となっていた。

しかし、運動失調だけでは説明がつかない現象が書字に起きていた。今までは筆順が不確かな文字でも適当に書いて自分的には事足りていたのだが、筆順がわからないとまったく書けなくなってしまったのである。頭の中で言葉が出てきてその文字イメージがぼんやりと浮かび、それを記していくのだが、病前はその文字イメージが怪しげでもそれなりにもっともらしい書字ができていた。ところが、病後は書こうとする文字の筆順が正確にわからないと、その文字イメージが途中で雲散霧消して何も書けなくなることに気づいた。とは言っても、簡単な文字でさえ最初の数週間は手の失調がひどく、文字を書いたつもりでも自分でさえ判読できない始末であった。

さらに、かなりひどい複視も起きていた。病後に右視野が右足側にかなり偏位して立体視できなくなり、人の顔も目は四つ口も二つであった。そのため片眼を閉じると複視はなくなるが、今度は立体視できなくなり距離感が得られない、これまた不自由であった。それらのことも含めて、担当医に相談したのであるが「小脳は運動平衡機能を司っており、視機能や認知機能とは直接には無関係と言われてきたが、最近では高次脳機能との関連も言われるようになっており、詳しいことはまだわかっていない」との返答。しかし、複視の問題は二〜三か月も経つと脳が勝手に左視野を中心に世界を見てくれるようになり、右と左の視軸のズレは今でもそのままではあるが、いつのまにか左優位に立体視できるようになったので、脳の代償能力にはかなりのものがあるようだ。

先に述べた書字のことであるが、筆順のわからない漢字は、結局すべておさらいすることにした。言語聴覚士が小学校から高校までの漢字ドリルを持ってきてくれたので、漢字書き取りを始めた。文字イメージが定まらず書けなくなった漢字も数回おさらいをすると、以前のように書けるようになるため、失書とは違う症状であり、このような病態はいまだ知られていないとのことであった。

梗塞で失われた部位は、不可逆的に壊死して元には戻らない。だから新しい運動の神経回路を構築するのがリハビリテーション（以下、リハビリと略）の役目である。できることとできないことの境界域で新たにできる能力の獲得を目指して、いろいろな運動を反復練習することで、新たな神経回路をつくるのである。しかし、言うは易く行うは難し！

血の滲むような⁉　リハビリによる三か月弱の入院を経て、何とか杖歩行と書字、タイピング、箸使いなどが可能となり、六月四日に退院し一週間の自宅療養を経て、再び六月一二日から精神科医として職場復帰を果たした。しかし、いまだに階段昇降の困難、初動（たとえば、起床や椅子から立つなど）の際の身体のこわばり、書字の稚拙さ、運動緩徐、体幹の不安定さなどの問題を抱えている。

入院治療の場合、保険診療でリハビリの上限は一日三時間までと定められており、それ以上に公的医療を利用することはできない。しかし、一日は二四時間あるので、残りの時間をいかに自主練習するかが鍵となる。私は、主に先に述べた漢字書き取りに加えて、持参したＰＣでひたすら文字入力の練習を行なった。入力の反復練習なのだが、その際に小学校で暗記していた宮沢賢治の「雨ニモマケズ」を繰り返した。最初は一文字入れるのにも苦労したが、時間とともに早く精確になっていくのが実感できた。また入院中病棟一周七五メートルを最初は歩行器で、その後は杖で、まずは三周、次は五周、退院する頃には一日に五周を五回（計一八七五メートル）繰り返し歩いていた。

発病当初から再び医療現場に戻ることを目標にしてきたが、もしそれがかなわなかったらどうしよう？　という疑念もあった。しかし、それはひとまず棚に上げてリハビリをやれるだけやってみて、結果的に復帰できなかったとしても、だからV・E・フランクルが言うところの創造価値・体験価値がもはや実現できなかったとしても、最後の態度価値だけは自分に残されていると思いながら現在に至っている。今は何とか仕事と生活リハビリでがんばる日々である。

文献

V・E・フランクル著、霜山徳爾訳『死と愛――実存分析入門』みすず書房、一九八三年

スピリチュアリティとオーセンティシティ――「本当の自分」をめざして

井原　裕

スピリチュアリティというモノがあって、それを臨床にうまく活かせばよいという話ではなさそうです。スピリチュアリティとは、便利な道具のようなものではありません。それはモノではなく、スピリチュアル・ウエイ・オブ・ライフないしスピリチュアル・ヘルスがあるだけであり、人は本質的にそのような方向を目指す存在だといえるでしょう。本稿では、スピリチュアリティの志向するところという含意をこめて、「オーセンティシティ」"authenticity"を論じることにします。

この語もまた、スピリチュアリティに匹敵する翻訳の難しい概念です。チャールズ・テイラーは"*The Ethics of Authenticity*"（一九九一）を著していますが、同書の邦訳は「真正性」の訳語をさけて『〈ほんもの〉という倫理』（二〇〇四）となっています。英語の日常会話では、"to be true to authentic self"（本当の自分に正直に生きる）、"to live an authentic life"（本当の生活を生きる）のように、形容詞として表現されるので、オーセンティシティもまた、モノというよりも、「ほんものの自分を目指す生き方」、「ほんものの自分であろうとする努力」などであると理解すべきでしょう。

理屈っぽくなりましたが、オーセンティシティの問いを、体感としてもっともヴィヴィッドに表現しているのは、尾崎豊の名曲「卒業」（一九八五）です。あのサビの部分で、「あと何度自分自身…」と叫ぶ尾崎を思い出してください。本稿は、「卒業」のあのフレーズに関する思索にすぎません。

オーセンティシティをめぐる議論

オーセンティシティに相当する概念は、J-Pop、文学、哲学など広範な領域で主題化されています。尾崎と同じく、何度卒業してもたどり着けないと嘆息したのは、森鷗外の『青年』（一九一〇）です。

「小学校の門を潜ってからというものは、一しょう懸命にこの学校時代を駈け抜けようとする。その先きには生活があると思うのである。学校というものを離れて職業にあり附くと、その職業を為し遂げてしまおうとする。その先きには生活があると思うのである。そしてその先きには生活はないのである。」

ここで「生活」とは、「自分らしい生活」「本当の生活」という意味でしょう。そして、小学校を卒業し、中学を卒業し、職業を卒業し、何度卒業しても、本当の生活にたどりつけない、そう「青年」は嘆息します。この「青年」は、直前に坂井夫人なる年長女性の手ほどきを受けて、「知る人となる」というひとつの「卒業」を経験していますが、その直後に彼はその先に何があるのかと問うているのです。

尾崎豊に影響を与えたとされる石川啄木は、「不来方のお城の草に寝転びて空に吸はれし十五の心」と歌いました。空は巨大な他者であり、吸い込まれそうな「十五の心」は小さな自分でしょう。尾崎以前のJ-Popでは、荒井由実が「卒業写真」（一九七五）で、人ごみに流されて見失いそうな自分を歌い、尾崎以降では、Mr. Childrenの「名もなき詩」（一九九六）なども、オーセンティシティを扱っています。

オーセンティシティをめぐる問いは、近代における自己への覚醒と共に生まれました。シェイクスピアは、「何よりも大切なこと、それは自己に忠実であること」"This above all: to thine own self be true."（『ハムレット』）と言い、精神分析学派のウィニコットは、天真爛漫な子どもの遊びに見られる「真の自己」（"true self"）は、自発的で創造的なエネルギーの源だが、人はいつの間にか、社会に生きる適応として、「偽りの自己」に堕していくと論じました。

キルケゴールからヤスパース、ハイデガー、ティリッヒと続く実存の哲学においては、「単独者」「実存開明」「自己固有性」「存在への勇気」等の概念をもって、オーセンティシティが論じられてきました。ハイデガーによれば、日々の営みに埋没して、世界へと「頽落」するさなかにあって、「居心地の悪さ」を自覚し、不安が引き起こされるとされます。この際に、「死を前もって覚悟」し、「良心の声」に促されることで、自己固有性を取り戻すと述べました。『存在と時間』の二年後には、早くも、弟子のカール・レーヴィットが、ハイデガーの自己固有性に「共存在」への顧慮が欠けていると指摘しました（『共同存在の現象学』）。オーセンティックであり、自己固有的であろうとすることには、倫理的課題が伴います。自分らしくあることと、他者と共にあることとは、不可分の関係にあり、そこにこそスピリチュアリティにとっての課題があるのです。

一個人であることと一員であること

人は、ワン・アンド・オンリーの存在であるとともに、ワン・オブ・ゼムの存在でもあります。世界にひとりしかいない交換不可能な存在ですが、同時に、機構の中の部分でもあります。自分自身の決断に基づいて行動する存在であり、同時に他者と共に生きる存在でもあります。信念に則って行動すれば、それが人を傷つけることもあり、人々が「それをせよ」というとき、良心が「するな」ということもあります。一個人であることと、一員であることとは、しばしば対立します。

オーセンティシティへと向かうスピリチュアリティの道は、「一個人兼一員」という緊張の中を続きます。他者は、しばしば匿名性を帯びて巨大な力と化し、ハイデガーはこれを「世人」と呼びました。しかし、不特定多数の他者は「世人」ですが、特定少数の他者は「仲間」でもあります。自分らしさを「世人」に譲り渡してはならないが、仲間を失えば、自分らしさもまた失われます。本当の自分にたどり着けるのか。いったい何度卒業すればいいのか。このオーセンティシティをめぐる問いは、不特定多数に同ぜず、しかし、特定少数の仲間と共に生きることの中に見出されるように思われるのです。

物語とスピリチュアリティ――『地球の秘密』と『あなたの呼吸が止まるまで』から……岩宮恵子

『地球の秘密』という完成度の高い漫画を一気に書き上げた一二歳の坪田愛華さんという少女がいました。それはのちに様々な言語に翻訳され、ミュージカルの定番として今も繰り返し演じられています。じつはその少女は、物語を完成させた数時間後に脳内出血で倒れ、急死したのです。地元での出来事だったということもあって身近にこの話題に接していたため、その物語の生成と直後の死には強い衝撃を受けました。

もちろん作品と彼女の死との間に現実的な因果関係はありません。ただ一二歳で『地球の秘密』という物語を生み出したことと、その直後の死とがまったく無関係であるとは思えませんでした。それ以来、一二歳という年齢と日常性を超えること、そして物語の生成と死というテーマは特別な意味を持つものとして心に刻まれています。

島本理生の『あなたの呼吸が止まるまで』（新潮社、二〇〇七年）という一二歳の少女の物語を読んだとき、『地球の秘密』とはまったく違う角度から、このテーマについて考えさせられました。

主人公一二歳の少女朔は、舞踏家の父と二人暮らしです。父の舞踏は一般受けを狙うようなものとは対極にあり、空間そのものを変容させ、多層的なイメージを触発して霊性に近づいていくことを目指しています。日常的な安定と常識を求める母は、このような父と離婚して新しい家庭を持っており、朔に会いに来ることもありません。父は朔を深く愛しているし、とても尊重していますが、日常的な生活のフォローは充分とは言えません。この様子からはスピリチュアリティを追求するというムーブメントは、日常とのバランスを保つことがときに難しくなり、身近な人たちに負担をかけるものだということが思われます。

大勢の大人に囲まれていても、朔のことを守るべき子どもとして接してくれるような、ごく普通の感覚を持つ大人はひとりもいません。そのため朔は少し緊張しながら暮らし、その守りの希薄さと寂しさを埋めるために敢えて大人っぽく振る舞っているのです。

母性的な守りが薄い中で育っている少女にとっては、いかにも母性の固まりというような女性よりも、大人の男性が持っている淡々とした母性のほうが親しみやすいことがあります。だから朔が少年っぽさを残すどこか弱々しい三一歳の佐倉さんに母性を求めたのは、ある意味、自然なことだったのかもしれません。一見、大人同士の会話をしているように見えても、佐倉さんに「はぐれると心配だから」とぎゅっと手を握られると「心配されて手をつなぐことも、優しく抱きしめられることも、全然、足りてない。本当はもっと欲しいのだと思いながら押し止めていた気持ちが溢れ出して、我慢して黙り込むので精一杯」なほど、子どもとして母性を強く求めている自分に朔は気がつきます。

臨床心理士としてこの年齢の子どもと出会うと、この時期の子どもが持つ透明感と潔癖さ、そして繊細な感性には胸を打たれることがあります。それと同時に、妙にしたたかで世俗的でずる賢いところや、性的なもののうごめきに揺さぶられ始めている様子からは、透明感だの繊細さだのとはほど遠い一面を強く感じることもあります。子どもとしての晩年を過ごすこの時期は、様々な終わりと始まり、純粋と不純、精神性と身体性がダイナミックに交錯しているのだと感じます。

個人差は大きいものの、一二歳というのは子どもとして完成し、ある種の純粋さが頂点に達する年齢であると言ってもいいでしょう（この時期が、自分の人生のピークだったと感じている人もけっこういます）。また、性が本格的に介在してくる思春期前夜の緊張に満ちている時期でもあります。そんなときに求めているのが母性なのか性なのか、その区別などつくわけがないのです。

佐倉さんとの関係は、彼の弱さゆえ、あるとき性的なものがダイレクトに介在してしまいます。そのときの強い嫌悪感と身体が求める熱との葛藤に、朔は「その瞬間、私はまるで永遠の双子のように思っていた身体から突き放されるのを感じ」ました。これは朔にとって、母性を無邪気に求める子どもだった自分と訣別した瞬間であり、性的な存在としての自覚を強制的に迫られる体験でした。

直観の鋭い父は、朔に何かあったのではないかと訊ねますが、朔は何も語りません。話せなかったのではなく、意志の力で話さなかったのです。何があったのかという表面的な事実と、そのときに自分が受けたダメージの複雑さと深さは必ずしも一致しないものです。朔の体験したことは、事実からするとそれほど重い傷としては捉えられない可能性もあるものでした。そのため、ありがちな被害として扱われてしまうと、それは取り返しがつかないほどに自分自身を損なってしまうものであることを朔は感じていたのです。

この「秘密」を抱えていくことは大げさに聞こえるかもしれませんが、一二歳の少女にとって「地球の秘密」に匹敵するほどの「秘密」です。この物語は、最後まで読み通さないと『あなたの呼吸が止まるまで』というタイトルの意味はわかりません。しかしこのタイトルによって読者は物語全体に満ちている死の気配を感じながら読み進めることになります。

この秘密を抱えながら自分を損なわずに生きていくためには、秘密があること自体は知っていても踏み込まずに守ってくれる人が不可欠です。朔には同級生の田島君という存在がありました。朔は、自分自身のたましいを守るためにすることを、彼に見届けてほしいと頼みます。朔が彼に望んだことは「じっと何も聞かずに見ていること」と「誰にもずっと秘密にすること」でした。田島君はよくわからないままに、何も質問することもなく、まるごと、その役割を引き受けます。田島君にとっても朔との約束を一生守ること自体が、自分自身の霊性を大切にすることに繋がっていくのではないでしょうか。

朔が田島君に求めたものは、クライエントがセラピストに求めるものにも通じるもののように感じます。このようなクライエントと出会うとき、その「地球の秘密」に匹敵する重みをしっかりと受け取りながら、約束を守り通すことができたとき、セラピスト側の霊性も守られていくように思います。

朔は、何十年後になったとしてもこの体験を物語の形をとって表現しようと決意します。彼女がいつか書こうとしている物語は、佐倉さんの社会的な死を願う復讐ものではありません。無垢で弱く、優しい甘えに飢えていた子どもの死の物語なのです。「子どもとしての死」の物語を丁寧に紡ぐことこそが、真に一二歳のときの自分を守ることになると彼女は気づくのです。スピリチュアルケアの本質はこのようなところにあるのではないでしょうか。

第3章

私の統合的心理療法とスピリチュアルケア

倉光　修

本稿のもとになったシンポジウムでは、「私の統合的心理療法のエッセンス」「事例」「私の人生とスピリチュアリティ」「心の世界と物の世界」という四つの小題を立ててお話ししたので、ここでは、私の統合的心理療法についてはもう少し整理し、事例では箱庭の解説をより深くし、私のライフヒストリーではむしろ一部を省略し、私のソフトな二元論にもとづく世界観については、SBNR（spiritual but not religious）ないしSBNA（spiritual but not affiliated）という視座と関連付づけて、より体系的に記述しようと思います。一人のサイコセラピスト（臨床心理士）の事例として読んでいただければ幸いです。

なお、事例については主にKuramitsu（2019）から引用していますが、本書に掲載するに当たって再度クライエントの許可を得ています。

私の統合的心理療法のエッセンス

私の依拠する仮説とそれに基づくアプローチ

ここでは、私の依拠している仮説と、それに沿ったアプローチを、主として倉光（二〇二〇）に基づいて略述します。私の仮説の第一は【心理的問題は、「心の傷（人生の苦悩）」と「心の病の症状や問題行動」に大別できる】というものです。[1]

心の傷は、たいていの人が人生の一時期に体験する心の痛みや苦しみです。たとえば、親の愛情や仲間の友情が感じにくいとか、希望した進学先や就職先に進めないとか、いじめやハラスメントを受けるとか、災害や犯罪の被害に遭うとか、家族や大切な人を喪うとか、自分や家族が重病にかかるとか、身体障害者になるとか、経済的・社会的苦境に陥るとか、(自身の価値観に照らせば)重い罪を犯したとかいった事態では、多くの人が深刻な苦しみを感じ、強い不安や恐怖、怒りや憤り、劣等感や無力感、孤独感や疎外感、罪悪感や後悔の念などに苛まれます。

一方、心の病(mental disorders：精神障害)の症状、あるいは、社会的に問題とされる行動は、比較的少数の人々が体験すると言えるでしょう。たとえば、不安障害や鬱状態、恐怖症や依存症、ＰＴＳＤや心身症などの症状、あるいは、自傷行為や自殺企図、非行や犯罪、一部の不登校やひきこもりなどはここに含まれます。また、本稿では、知的障害や発達障害、認知症や統合失調症の症状など、脳や神経系の異常が想定されるけれども、環境(心の傷)の影響がかなり認められる状態もここに含めます。

そして、私は次に【症状や問題行動のほとんどは心の傷が契機になって顕現(悪化)する】という第二仮説を提起します。なぜ、そういうことが起こるかというと、第三仮説【症状や問題行動の多くは、心の傷に伴われる苦痛を一時的に(半ば無意識的に)緩和・マヒさせる機能を持っている】からではないかと思います。たとえば、学校に行くといじめられるとか、強い劣等感や疎外感を感じるといった子どもが登校時に腹痛を起こし、やがて、不登校状態になって自室でコンピュータ・ゲームに没頭するならば、当面、加害者や同級生に会わなくてすみ、苦しい状況を回避できるかもしれません。リストカットや薬物依存によって一時的に日常の苦しみがマヒしたり、ある種の快感を味わったりする人もいます。非行や暴力によっていらだちを解消する人や、反社会的な集団（疑似家族）の中で、幻想的な愛情や優越感を体験する人もいるでしょう。精神病の症状とされる幻覚や妄想も（身体的基盤も推定されるのですが）幾分なりとも苦痛を回避し一時的に快を得ようとする反応として捉えることもできるのではないでしょうか（たとえば、「物盗られ妄想」が起こると、大切な物がなくなった責任を他者に転嫁できる）。

だとすると、症状や問題行動を呈しているかどうかにかかわらず、心理療法の過程では、潜在的な心の傷に関心を向ける（私のような）アプローチの妥当性もあるのではないでしょうか。

さて、心の傷は、何らかの欲求が著しく満たされない事態で生じると言ってもよいでしょう。ここで、第四仮説として【人間が感じる欲求は基本的欲求と高次欲求に大別できる】という命題を提示しておきましょう。ここでいう基本的欲求とは（アブラハム・マズロー：Maslow（1943/1987）の欲求階層説などを参考にすると）、生理的欲求・安全欲求・愛情欲求・共感欲求・優越欲求・性的欲求などであり、高次欲求とは、倫理的欲求・創造欲求・知的欲求・援助欲求などです。一般に、心の傷は基本的欲求が著しく満たされないときに生じるので、【心理的問題の克服には、当該欲求を（症状や問題行動ではなく）セラピストの対応によってわずかでも満たし、その上で（心の傷の痛みや人生の苦しみは消えないとしても）クライエントが高次欲求を満たす行動を見出して実践することが有効かもしれない】という第五仮説が導かれます。

では、セラピストがクライエントの基本的欲求をたとえわずかでも満たすには、どうしたらよいでしょうか。私はまず（多くのセラピスト同様）、クライエントに内界（とくに心の傷ないし潜在的願望）を表現しやすいような場を提供します。その際、私は、内的現象（感覚・知覚、イメージ・思考、感情・欲求、そして意志など）自体をけっして非難しないように心がけています。また、それらを表現する際にも（現実の体験に則した過去の回想や未来の予想を説明する）概念的言語で説明するだけでなく、むしろ、（現実の体験を象徴的・比喩的にイメージ化していると思われる）夢や箱庭、絵画や音楽、詩や物語など非概念的な媒体を用いてプレイフルに表現することをしばしば重視します。クライエントの中には、現実的な苦しみを概念言語で表現することが能力的に難しい人もいれば、苦悩を表現することに抵抗がある人（ネガティブな感情を表すと、非難される・軽蔑される・無視されると思っている人や、愚痴を言うのは情けないことだとか、そんな自分は存在価値がないなどと感じている人）も少なくないからです。そのようなケースでは、非概念的な表現媒体を用いるほうがむしろリアルな体験を共有できるように思います。

こうして、心の傷の痛みや苦しみが何らかの媒体を通して表現され、セラピストがその背後に推定される苦悩をできるだけ追体験（共感的に理解）しようとしていると、クライエントとセラピストとの間の関係性が深まり、クライエントの多くは、自分の苦しみがセラピストに幾分なりとも分かってもらえたと感じます。そうすると、いわば、【「分かってもらうことは分かち合ってもらうこと」というダイナミズムが働き、心の痛みや苦悩がわずかであっても軽減・緩和される】のです。これを第六仮説としましょう。もちろん、私は（たいていの臨床心理士がそうだと思いますが）共感を示そうとして、安易に「お気持ちは分かります」などとは言いません。そう言うと、かえって『この人は分かっていない』と思われやすいからです。そこで、たとえば「そういう状況だと、死にたいという気持ちが起こってくることはありませんか」などと自分の推測を提示して、それに対するクライエントの反応（ＹｅｓでもＮｏでもよい）を傾聴・観察して共感的な理解を深めようとします。

クライエントが自分の苦しみがある程度セラピストに分かってもらえているという体験ができるかどうかは（共感欲求だけでなく、愛情欲求や承認欲求が満たされる契機にもなるので）、私のアプローチにおいて最も重要です。また、私はケースによっては（とくに、子どものクライエントの場合は）、クライエントの基本的欲求を部分的・代理的・代償的・象徴的に満たそうとすることがあります。たとえば、子どもに有利なルールでゲームをするとか、子どもの読んでいる漫画をポケットマネーで買って読んでみるとか、いっしょに音楽を聴いたり、お菓子を食べたりするとか、緊急性があれば、成人でも、面接時間を延長したり病院や事務室に同行したりすることがあります。とくに、セラピストが自身の基本的欲求満足を少し犠牲にしてでも、クライエントの基本的欲求を満たしたいという感情を抱いている場合は、クライエントの愛情欲求をわずかながら満たすことが多いと思います。もちろん、そうしたサービスは相手の要求が強いから行うのではなく（とくに相手に服従・隷属する印象を与えると要求がエスカレートしやすい）、むしろ、相手が要求していないときに（たとえば、「今日は特別」という設定で）自発的に実行するとセラピストの気持ちが伝わりやすいと思います。

通常のセッションでは、そうしたサービスをしなくても、クライエントの苦悩を共感的に理解（追体験）しようとするだけで（たとえば、クライエントの苦しみを想いながら、ただ「うん、うん」と相づちを打ち、余計なアドバイスは控え、ただ、（心の中で）クライエントのそばにいるよう努めているだけで）、クライエントの心の中に「わかってもらっている」という感覚が育まれることも多いように思います。

このようなアプローチが奏功すると、【クライエントの基本的欲求が少しでも満たされ、心の傷がわずかでも癒やされると、クライエントの心に高次欲求を満たす行為のイメージが浮かんでくることが多い】ように思います。これを第七仮説としましょう。この現象は、やや不思議なことでもあるのですが、セラピストとの間の関係性の深化が、他の人々との関係性の醸成にも広がり、社会性が発達してくるのかもしれません。ちなみに、私は「これからの人生で高次欲求に基づいてなすべきと思えること」を「個人的当為」と呼んでいます。個人的当為は、その時代の常識や規範である一般的当為に抵触することもあるのですが、個人の価値観に照らすと「正しい」と感じられることです（しかも、人類に共通する普遍的な価値に通じることが多い）。たとえば、ある子どもにとっては、ひどいいじめに遭う今の中学校には行かずに別の場所で勉強するとか、ある女性にとっては結婚直後でたとえ妊娠していても愛情が感じられない相手との離別を決意するとか、ある兵士にとっては上官の命令に反してでも銃口を下に向けることが個人的当為になりえます。

個人的当為は、通常、クライエントの自己表現が進むにつれて自然に浮かび上がってきます。ただし、私のアプローチでは（とくに、クライエントから「こんなときにはどうしたらよいのですか」などと聞かれたときには）当面、クライエントにとって望ましいと思われる行動を示唆することもあります。ただし、そのとき、けっして、マニュアルに沿って画一的なアドバイスや指示をすることがないよう気をつけています。「心理的問題においては、誰にとっても妥当な対策は存在しない」と信じているからです。また、安易なアドバイスをすると、クライエントは、『そんなことができるくらいなら心理療法を受けに来たりしない』とか『上から目線でそういうことを言われるのは嫌だ』などと思って、セラピストに反感を覚えやすいのではないでしょうか。心の専門家は唯一の正解を知っているのではなく、むしろ、画一的な答えのないことを（クライエントの内界から浮かび上がるか、クライエントが自分に照らして深く納得できる答えでないと実行に結びつきにくいことを）よく知っているのだと私は思います。

いずれにせよ、このようなプロセスを経て、【人生の各瞬間における個人的当為を見出し、それをある程度（恒常的に）実践する生活を営むことができれば、心が傷ついていても症状や問題行動の発現は抑えられるのではないか】と私は思います。これが第八仮説です。たとえ、心の傷の痛みや基本的欲求の不満が持続するとしても、「あるべきやう（明恵）」を志向し、妥当な範囲で個人的当為を実践する生活は、ある種のすがすがしさを伴い、私にはマインドフルでスピリチュアルだと感じられます。ちなみに、心の傷つく経験を踏まえてより高くより深い次元を生きぬいていこうとするこのプロセスは、ジェームズ（James, 1902/1969・1970）の言う「二度生まれ」のイメージに近いかもしれません。

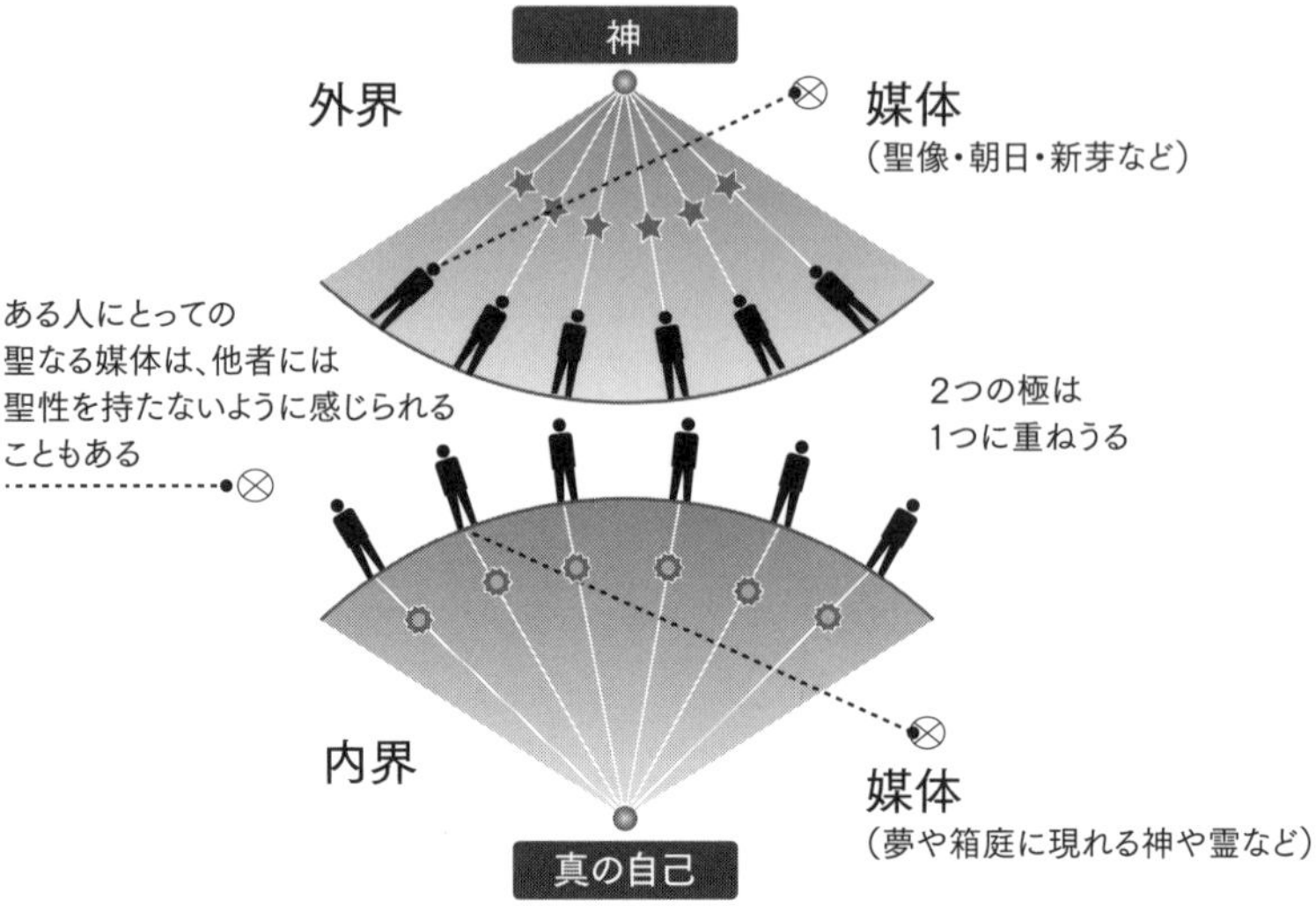

図１　個々の人間と超越的主体（神・真の自己））、そして両者をつなぐ聖なる媒体（倉光（2020）を一部改変して引用）

さて、クライエントの中には、【苦悩の受容や個人的当為の示唆は、心の高みや深みに存在する超越的主体（神・真の自己）によって、あるいは、個々人の主体と超越的主体を結ぶ聖なる媒体によってなされるように感じる人がいる】ように思います。これが第九の仮説です。

ただし、超越的存在と個々人をつなぐ媒体は非常に多様です（図1）。

たとえば、ある人はイエスやゴータマの像を聖なる媒体と感じるけれども、別の人は白いキツネの像や仕留めたクマの毛を、さらにまた別の人は高山から昇る朝日や植物の新芽に神聖さを感じます。しかし、ある人にとっての聖なる媒体は他の人から見ると全く聖性が感じられないこともあるのです（図1では、点線で示しました）。

けれども、もしもクライエントが自身にとっての聖なる媒体を見出し、あるいは、それらを通して超越的主体と交流できるように感じたならば、そうした相互作用が展開しうる場を提供することが、セラピストにできるスピリチュアルケア（瀧口・大村・和田編著、二〇二一）の一つの形になるのではないかと思います（ケースによっては、セラピストが超越的主体や聖なる媒体とクライエントをつなぐ機能を果たすこともあります)。

私のアプローチと他の学派や職種との違い

では、ここで、このような私の統合的心理療法の考え方や実践と、他の学派や他の職種のアプローチの共通点と相違点を略述したいと思います。

まず、フロイト派との共通点ですが、第一に心の病の症状や問題行動の背景に心の傷が潜在していることが多いという認識をあげることができます。ただし、彼は、無意識下に抑圧された性的トラウマ(性的欲求)を重視し、それを洞察すれば神経症は治癒すると主張したのですが、私は、性的でない心の傷が神経症症状を引き起こすケースや、心の傷を意識化しても症状や問題行動が軽減しないケースも多いと思います。このことは、ジャネ(Ellenberger, 1970/1980が言及)やユング(Jung, 1961/1972)も指摘していますが、PTSDや森田神経症を見れば明らかだと思います。

フロイト派のセラピスト(精神分析家)と私のアプローチのもう一つの重要な相違点は、クライエントの内界について解釈したことをあたかも客観的事実であるかのように言うかどうかです。フロイト派(精神分析)のセラピストは、心の傷と神経症症状の関係を断定的に述べたり、クライエントが両親などに抱いていたイメージをセラピストに投影していると明言(転移を解釈)したりすることがあります。しかし、私は推測(セラピストが心の中で解釈)したことを事実として提示することはけっしてしないように心がけています。推測した内容を言語化するとしても、「このときのお父さんのイメージは私と重なりますか」などと、あくまで仮説として提示するのです。

次にユング派ですが、私は後に述べるように河合隼雄先生をはじめ、何人ものユング派の分析家に会い、彼らの考え方や実践にかなり共感を覚えてきました。とくに、私は、現実場面の表現だけでなく、夢や箱庭など、内界から自律的に浮かんでくるイメージに関心を向けてきました。その展開を追っていると、いわば自然治癒力が働いて、基本的欲求が象徴的媒体によって満たされ、個人的当為が意識されるようになる。そして、個人的当為がある程度恒常的に実践されるようになると、クライエントは、マインドフルでスピリチュアルな境地に達して、心理的問題が克服されていくことが多いと思うのです。

ただし、それでも、相違点はあります。その一つは、シンクロニシティ（synchronicity）についてです。ユングは、大切な人が死ぬ夢を見たその時間にその人が亡くなっていたなど、因果関係がないように見える二つの現象の間に驚くべき一致が起こったとき、それをシンクロニシティ「意味ある偶然の一致」として捉えます。しかし、私は、シンクロニシティとは、「（アプリオリに）意味がある偶然の一致」ではなく、あくまでも「偶然の一致に意味を感じること」だとしておきたいのです。

また、ユング派の人（たとえば、ヒルマン（Hilman, 1964/1982）など）は、普遍的無意識には元型が「客観的」に存在するという表現をよく用います。しかし私は、神も霊もセルフ（意識の中心であるエゴではなく無意識も含めた心全体の中心）も一部の人が「主観的に」体験すると言うに留めたいと思います。たとえ、多くの人の心に非常に類似した（たとえばマリア像と観音像のような）イメージが浮かんだとしても、その（母性元型の）「存在」は物質と同じような客観性を備えているわけではないと主張し続けたいのです。

次に、ロジャーズ派との共通点と相違点を述べます。共通点の第一は、いわゆる三条件（共感的理解・無条件の肯定的関心・自己一致（ジェニュインネス））の重要性をはっきり認めていることです。しかし、私は彼のようにこの三条件を心理療法における必要十分条件だとは思いません。それらは理想であり、理想はつねに現実より高いレベルにあるからです。また、逆に言うと、この三条件をそれほど満たしていないセラピストによる心理療法でも成功することがあるのではないかと思うのです。

認知行動療法についても簡略に述べましょう。私も脱感作 desensitization の技法を用いたり（鍵を閉めたかどうか不安になったら、この一週間の目標として、三回施錠を確認したら深呼吸してその場に留まり、絶対に四回目の確認はしないようにしませんか）、認知のゆがみを指摘したり（すべての教員があなたを軽蔑している気がするのでしょうか）、当面の目標を設定したり（来週までに何か一つだけお子さんを褒めてみるのはどうでしょう。難しいでしょうけれど）などと言うことがあります。しかし、私の第一の関心事は、多くの認知行動療法のセラピストと違って（と思うのですが）、外的行動や数値化された反応ではなくて、クライエントの内界の現象（感覚や知覚、イメージや思考、感情や欲求、そして意志など）そのものにあります。あるいは、私は、心理療法の目標が達成されたかどうかもさることながら、むしろ、（ときには躓き後戻りする、あるいは次第に悪化さえする）心理的変化のプロセスそのものに関心を向けています。スポーツに喩えると、勝利したかどうかではなく、勝ったり負けたりする（頂点まで登って後は降りていく）人生を共に味わおうとするのです。

紙数が限られているので、教師や医師については相違点だけを簡単に述べておきましょう。教師はたいてい集団を対象に画一的な授業をしますが、私はたいてい個人を対象に一人ひとり異なった対応をします。教師は生徒に何かを理解させようとしますが、私はクライエントを理解しようとします。教師は話すことで報酬を得ますが、私は聴くことで報酬を得ます（じつは報酬を少しだけ超えるサービスをすることが多いのですが）。教師は（自分は）答えの分かっている学業の問題を生徒に解かせようとしますが、私は自分でも答えの分からない人生の問題にクライエントと共に取り組みます。

医師についても相違点をあげると、医師は主に体に関心を向けますが、私は主に心に関心を向けます。たいていの医師はマニュアルやエビデンスに沿って治療しますが、私はそうした情報を参考にすることはあってもそれらを絶対視したりそのアプローチを画一的に用いたりせず、眼前のクライエントに今、何をすればよいか（そしてクライエントが何をすればよいか）を共に考えます（当面、何をどのようにするかの最終決定権はクライエント本人に委ねられます）。

また、本稿のテーマと深くかかわる、私のアプローチと宗教者の営みの共通点と相違点については、後に「心の世界と物の世界」の節で少し詳しく述べましょう。

事例

次に、私のアプローチで、実際にスピリチュアルな体験につながるような現象が生じた三事例を、Kuramitsu（2019）に基づいて提示しましょう。

第一の事例は、幼い子どもを殺害された両親とのカウンセリングで生じたことです。このケースでは、私はご遺族の自宅に伺うカウンセリングを何年も続けました。お子さんの遺影のある部屋に入ると、私はまず、その子のたましいに祈りを捧げ、それから遺族のカウンセリングを行い、お話しが終わるとまた子どものたましいをイメージして手を合わせ、お宅を後にします。

その子の母親は、自分も死んで子どものそばに行きたいと繰り返し仰っていました。私はお祈りをするとき、その子のたましいに「お母さんはこう言っておられるんだけれど……」と話しかけました。すると、その幼な子は「『これ以上、犠牲者を出さないで』とお母さんに伝えてください」と言いました（たしかに、その声が聞こえたような気がしたのです）。

そのことをお伝えすると、母親は涙を流して頷かれ、その後、自殺念慮の話はなさいませんでした。

また、その子の父親は宮沢賢治の『銀河鉄道の夜』を読んだことがないのに、母親と共に夜の列車に乗って高みに登っていき、ある駅の外の草原に我が子が仲間と遊んでいる夢を見ました。父親から声をかけるのもためらわれたのですが、想いがつのって携帯電話をかけると「圏外」と出ている！　しかし、まもなく列車が出発するので思わず手を振ると、その子も父親を認めて手を振ってくれました。父親はこの世ではもう会えないと思ったと言っておられました。

図2　作品A-1

第二の事例は、非常にレベルの高い大学に入学したクライエントAさんです。彼は真摯に努力したのですが学業が思うように進まず、大学を辞めようかと悩んでカウンセリングルームに来られました。対話だけでなく、箱庭も作られたので、その作品に沿って彼の歩んだプロセスを振り返ってみたいと思います。

初期の作品A－1（図2）では、高いビルの上にキリンが乗っています。少し動けば足を踏み外しそうで危うい状態です。ビルの右下には仏塔（写真では黒く撮れている建物）と大樹があり、その近くにはトラやトカ

図３　作品 A-2

図４　作品 A-3

ゲが潜んでいます。キリンは彼の自我状態を、仏塔は一つの救いを、大樹は守りや憩いを、トラやトカゲは落ちたところの苦難を示唆していたのかもしれません。

　作品Ａ－２（図３）では、動物たちの一行が一斉に左に向かって進んでいます。上の方には滝が二つあり、流れ出た川には赤い橋がかかっています。橋の左上には小さな「お休み処」が置かれています。私には、左方向は郷里を、滝や川は「生死の境界」を、赤い橋は「境界を渡る」というテーマを、「お休み処」はその旅の途中のカウンセリングルームを象徴しているように見えました。

　作品Ａ－３（図４）では、池の中に大仏がおり、池に浮かぶ筏の上にはパンダが、手前の恐竜の上にはアヒルが、左下の石の上にはテントウムシが乗っています。池はお休み処と同じ機能を持つオアシスのように見え、数匹の動物たちもしばしの憩いをとっているように見えます。パンダやアヒルやテントウムシは不安定なところに乗っているＡさん自身の姿を彷彿させます。

　続く作品Ａ－４（図５）の中央には温泉があり、パンダは桶を持って、老人と対話しているようです。となりに小さなクマが浮き輪に乗っています。右手には道標があります。

作品A－3と照らし合わせると、先の仏像はこの作品では老人（セラピスト？）になっているのでしょうか。クライエントは（分身である）動物たちに囲まれて、これからどちらの方向に進むか考えているのかもしれません。

作品A－5（図6）では、カンガルーが雲の上にいます。下では救急隊員が担架を用意しています。亀を助けようとしているように見えるカバの上にはアヒルが乗っています。ブタたちも中央の子ブタをケアしているようです。

図5　作品 A-4

図6　作品 A-5

この箱庭のカンガルーは、作品A－1のキリンと同じ布置にあり、アヒルや子ブタと共にAさんの状態を現しているように見えます。同様に、右下の祈る青年はクライエント、そばのタヌキはセラピスト、救急隊員や消防隊員はカウンセリングルームの機能を反映しているのかもしれません。

後の作品A－6（図7）ではカンガルーが担架に乗せられて虹の門をくぐって救出されるシーンが作られます（大学をまさにドロップアウトした彼が郷里に戻るプロセスが象徴的に表現されているよ

図７　作品 A-6

図８　作品 A-7

うにも見えます）。しかし、ドロップアウトは絶望ではありません。それは生きる場面の転換なのです。

Aさんの旅は続き、やがて、作品A－7（図８）ではマンダラ様の世界が作られます。マンダラは、あるプロセスが終わって全体性が達成（回復）されたことの象徴と見なされることがありますが、この後、クライエントは郷里に帰って仕事を始めたので、心の世界でも一つの旅が終わったように感じられました（ここからまた次の旅が始まるのでしょう）。

第三の事例は、大切な人を喪った青年Ｂさんで、初期の箱庭作品では帆掛け舟が右の島の方向に進んでいます（作品Ｂ－１：図９）。じつは、この上空には（写真には撮れていませんが）フクロウが右手に向かって飛んでいます。未来への旅立ちを感じさせます。それから、彼はまた、教会と（その中にいるとイメージされた）マリア像が置かれた箱庭を作りました（作品Ｂ－２：図10）。教会の右手にもフクロウが舞っています。フクロウはしばしば叡智の象徴とされ、この作品では全体状況を俯瞰する超越的存在のイメージを担っていたのかもしれません。

図9　作品B-1

図10　作品B-2

マリアの向こうと教会の左手には墓があり、左手の墓地には花が供えてあります。私は彼の大切な人がこの花の下に埋葬されているイメージを抱きました。

彼はやがて、聖地のようなところを作ります（作品B－3：図11）。左手には十字架と西洋風の墓、右手には神社と鳥居、さらにその右手には（写真ではごく一部しか撮れていませんが）小さな地蔵が置かれています。彼はこの二つの世界を赤い橋でつなぎました。私は当時、ヒック（Hick, 1985/2008）の『宗教多元主義』を読んでいたので、彼が二つの宗教世界をつなぐような箱庭を創造したことに一種のシンクロニシティを感じて胸の高まりを覚えました。ところが、彼はまさに箱庭を終える直前に、「まだ早いな」と言って、橋を取り除きました。私は、彼のこのつぶやきが、まさに私自身の内なる声『おまえのその考えを口にするのはまだ早い。もっと温めて機が熟すのを待て』というメッセージのようにも聞こえて、感動したのを覚えています。

やがて、彼の内的プロセスが一つの段階の終わりに近づいたように思えた頃、Bさんは（も）、中央に井戸のあるマンダラ様の世界を作りました。（作品B－4：図12）。そして、後の作品では、深い海の底に銀貨を置き、「この銀貨は人間には価値があるが見つけられない。魚には見えるが価値がない」と言いました（作品B－5：図13）。私には、この銀貨は、貴いけれども私たちの目には見えない超越的存在の象徴であるかのように感じられました。[2]

以上の事例のように、心理療法の過程でやや無意識的な領域からスピリチュアルなイメージが現れることは

図 11　作品 B-3

図 12　作品 B-4

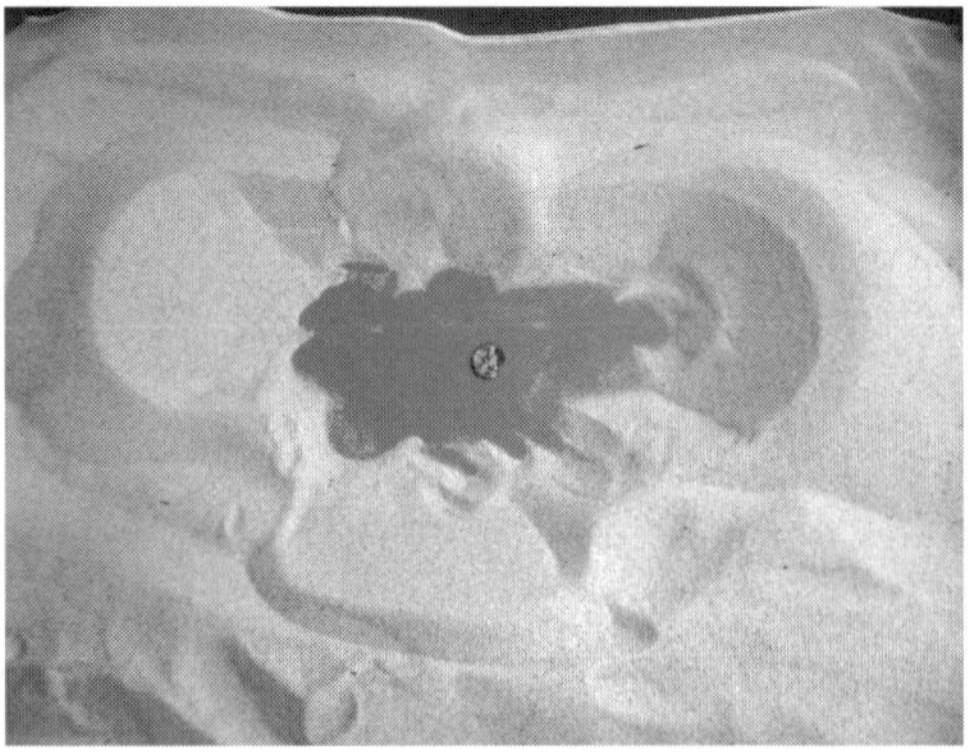

図 13　作品 B-5

けっして珍しくありません。クライエントたちは、そうしたイメージとともに、苦悩を乗り越えていくのです。

私の人生とスピリチュアリティ

今日までの人生をふり返ってみると、私は科学的・合理的な世界観から宗教的・スピリチュアルな世界観に接近し、両者の共存を志向してきたかのように思えます。ここではまず、祖父母の話から始めるとよいかもしれません。祖父は京都御所で絵師をしており、皇族を敬っていました。祖母は教育熱心なところがあり、父を当時珍しかったキリスト教系の幼稚園に入れましたが、父は友だちと遊べないので大層不満だったようです。

父は、学生時代に徴兵されて特攻隊を志願しました。彼は宗教嫌いで、天皇を神格化しないばかりか、祖母が持たせた千人針の御霊符でさえ捨ててしまいました。それでも、無傷で終戦を迎えた父は、帰郷して母と近くの神社で結婚式を挙げました。ところが母は、何と二五歳（私が三歳一〇か月）のとき、重篤な脳内出血で倒れ、右半身不随で右目も失明して、知的能力も大きく低下しました。そして、病気快癒を願い、祖母に勧められて新興宗教団体の信者になりました。

あるとき、母は仏壇にお供えをすませ読経に没頭して、父の朝食を作るのが遅れてしまいました。父は「死んだ者と生きている者のどっちが大事なんだ！」と激怒し、お供えのご飯を庭に投げ捨てました。母は泣いていましたが、私は父の怒りはもっともだと思いました（今になってみると、やはり母が気の毒で、父は駅でパンでも買えばよかったと思います)。

私は子ども心に宗教団体に対して(父親に似た)反感を抱き、あるとき、母に献金を求める信者に腹を立て、教団の支部に行って「母は脳の病気だから家には来ないでください」と頼みました。支部長はいわば「できた」(スピリチュアルな)方で「分かりました」と言い、その後、母とその団体との縁は切れたように思います。

私は(しかし)仏教系の高校に特待生として入学しました。副校長は立派な方でしたが、後に着任した校長はスピリチュアリティに欠け、私が生徒会で発言すると校長室に呼び出して「そんなことを言うのなら、特待生を辞めて学費を払え」と恫喝しました。父に話すと、彼は「そんな高校は辞めてアメリカに行け。ただし、片道の旅費しか出せないぞ」と言いました。私は、悔し涙を流しながら権力に屈しました。

当時私は、フロイトの『精神分析入門』を読んで感動し、国立大学のなかで、唯一、臨床心理学講座のあった京都大学の教育学部に進みました。私が二回生になったとき、河合隼雄先生が京大に着任されました。先生が苦悩する人々に深い次元でお会いになる様子に打たれて、私は先生を師と仰ぎ、先生の下で助手になり講師になって、以後も、心理療法の実践に励みました。

その後、私は結婚しました。式は(ご縁があって)キリスト教会で行いましたが、私は花嫁が彼女の父親と並んで祭壇に向かって歩くのはおかしいと思い、仲人の河合先生に「二人で並んで歩きたい」と懇願し、許されました(牧師は困っておられたと思いますが)。

やがて、息子が誕生しました。この子は(何の因果か)一歳半のとき、重い脳症に罹り、生死の境を彷徨いました。深夜の病院で、私は床にひれ伏して、四方八方の神々に「どうか、わが子の命を助けてください」と声を上げて祈りました。祈りが通じたのでしょうか、息子はどうにか一命を取り留めました。ちなみに、カルテの最後には「なお、父親は少しおかしい」と書かれていて、私は心の中で『たしかに』と思い、苦笑したのを覚えています。

退院が近くなったある日、担当の看護師が私に「奥様がつけておられたものです」と、蝶のブローチを渡してくれました。妻に見せると、彼女は病院に行くときにブローチはつけていかなかったけれど、そっくりのものは持っていると言いました。妻のブローチはとても色鮮やかでした。私は、蝶はプシケ（たましい）の象徴であること、キュブラー・ロスの出会った子どもたちが死の直前に描いた蝶の絵などを思い出し、息子のたましいは生死の境界を越えて帰ってきたのだという気がして（意味づけをして）、シンクロニシティを感じました。

息子には少しぎこちないところが残り、小学校に入学してすぐにいじめの被害に遭いました。私は現場を目撃し担任に訴えたのですが、彼女は耳を貸さず、校長も私たちとの面接が予定されていた時間にどこかに行ってしまうような人だったので、私たちは息子を小さな私立の学校に転校させました。その学校の校長はスピリチュアリティを感じさせる方で、一挙手一投足が美しく、ご自分はユニタリアンだと仰っていました。

その後、私はイギリスに短期間留学したとき、クエーカーの女性に大変お世話になりました。クエーカーはプロテスタントの一派で、「神は内なる光である」と信じ、教会や司祭は持たず、宗教多元主義も受け入れていて、信者のなかには良心的兵役拒否をしたり、国連で平和活動をしたりする人もいます。

一方、私は、スピリチュアリティを感じさせる仏教者にも惹かれました。とくに、ダライ・ラマ一四世には深く心を打たれました。二〇〇〇年にモスクワでダライ・ラマとゴルバチョフを囲む会が開催されたとき、私は父の戦争体験の話をしたのですが、過酷な弾圧を体験したダライ・ラマはその話を聞いておられたのか、エレベーターの前で合掌した私の手を十秒ほど包んでくださいました。この体験は、私にとって宝物になっています。

宗教者の中には、スピリチュアリティが感じられない人もいます。母が七七歳で亡くなったとき、父は母の戒名をつけようとしたのですが、寺の住職は「戒名は私がつける」と言い、由緒正しい家柄だからと高額の戒名料を呈示しました。私は、ゴータマ・ブッダがこの話を聞いたらきっと怒りで泣くと思います。父が九四歳で亡くなったとき、私は知人の禅僧[3]に読経を頼み、両親の遺骨を宗教や宗派を問わない墓地に移しました。墓にたましいが宿ると信じているわけではないのですが、生者と死者をつなぐトポスの一つになると思ったのです。こうして私は、自称、ブッディスト＝クエーカーになりました。

心の世界と物の世界

では、最後に、上に述べたような統合的心理療法の理論やアプローチの背景にある私の世界観について、少し述べておきたいと思います。

私は宗教的（religious）であることとスピリチュアル（spiritual）であることを区別し、自身は、ＳＢＮＲ（spiritual but not religious）ないしＳＢＮＡ（spiritual but not affiliated）の立場を志向しています。「スピリチュアリティ」という概念には何世紀にもわたる議論があるようです（石川、二〇一一）が、私はこの言葉を、ハンセン（Hansen, 1997）やアーランソン（Erlandson, 2000）らが述べたように[4]、宗教団体の組織や教義から（あるいは親の信仰から）自由な、宗教や宗派を超えた「精神性」という意味で用いています。このような立場は、島薗（二〇一二）のいう「新霊性運動」や鎌田（一九九四）のいう「超宗教」に含まれるでしょう。鎌田は津村との共著（一九九四）『天河曼荼羅

――超宗教への水路《チャンネル》』の冒頭（二五頁）に次のような文を載せています。

僕は宗教を信じない。神々や仏菩薩や霊は存在する。そう思わざるを得ないけれど、しかしいかなる宗教的権力や教義も信じることができない。むしろ、宗教が宗教を超えていこうとする衝動と力と痛みと苦悩を、そしてそのとき輝き出る叡智の光を僕は信じる。

この文と対照させるなら、まことに僭越ながら、私は次のように言いたいと思います。

私は宗教者の語ることすべてを信じることはできない。神や仏や霊の存在を実感する人々、神秘的な体験をする人々がいることは信じるけれども、宗教団体に献金したり儀礼を遵守したりすることによって基本的欲求が満たされると信じることはできない。しかし、私は、宗教者が宗派を超えて苦悩する人々と共にスピリチュアリティを志向するとき、叡智の光が輝く可能性があると信じる。

このようなスタンスは、臨床宗教師の小西（二〇二三）らのいう「スピリチュアルケア」と共通しています。彼は、スピリチュアルケアにおいては、自身の宗派や信仰をこえて（inter-faith）、対象者の語りを傾聴することが非常に大切だと述べています。また、鎌田（二〇一六）は「スピリチュアリティ（霊性）とは、「独り」でありつつ、「同行二人」である」と述べています（七頁）。この感覚も私のアプローチと通じるところがあります。

私はまた、スピリチュアリティはマインドフルネスとかなり重なるように思います。マインドフルな生き方を人々に説いたティク・ナット・ハン（Hanh, 1999/2016）は、『イエスとブッダ』の中でこのことを明瞭に述べています。彼はこの二人を「きょうだい」とし、「日々の生活のほとんどをマインドフルに過ごすことが、自分の中の精霊（ホーリースピリット）を育てる最高の方法です」（一〇二頁）と言います。イエス（キリスト：救世主）とゴータマ（ブッダ：覚者）には多くの共通点がありますが、私はとくに二人が既存の宗教に隷属することなく、いわば、自分のたましいに照らして正しいと思う道を歩んだ（と私は信じるのですが）ことを強調したいと思います。私には、この姿勢こそスピリチュアリティの核心だという気がするのです（親鸞やルターにもそうした自律性が認められます）。また、案外見過ごされそうなことですが、両者は自分の営為によって金銭的報酬を得ていません。二人は生家を離れてスピリチュアルなレベルに達し、ある意味で「無職」のまま民衆の中に入って、彼らの病や苦しみを癒やし、人々が歩むべき道を説いたのです。[5]

もう一点、強調したいことは、この二人が自分を神と思っていなかった（ように見える）ということです。ゴータマが（マンダラでは天界の中心に描かれることもありますが）「私は神だ」と言ったという記録はないようですし、イエスも殺される寸前に「エリ・エリ・レマ・サバクタニ（神よ、神よ、なぜ我を見捨てたもうたか）」と、（まるでヨブのように）叫んだということですから、自身のことを神だと思っていなかったのではないでしょうか。彼らを神格化して像を造り、彼らから聞いた（とする）言葉を経典に（如是我聞ないし福音として）著し、詳細な教義や儀礼を定め、献金や労働奉仕によって教会や寺社を建て、ヒエラルキーを内包した組織を形成し、葬式や結婚式を司ったり、護符を売ったり、拝観料を得たりするようになったのは、「僧侶」という職業や宗教団体が成立して以後のことでしょう。もちろん、信者の中にはスピリチュアルなレベルに至った人々もいたとは思います。しかし、彼らの多くは侵略戦争に加担したり、権力者を賛美したり、あるいは、経典や教義を鵜呑みにして、自ら主体的に生きることを放棄したのではないでしょうか。彼らは、私のいう意味でのスピリチュアリティを育んでいないように思えます。

このことに関連して、ここで私が「物の世界と心の世界」を区別していることについて説明したいと思います。私は、「物理的現象と心理的現象」を「客観的現象と主観的現象」として明確に識別することにおいて、広義の（ソフトな）二元論者であると言ってよいと思います。そして私は、神や霊などは心の世界の外に客観的に存在するのではなく、あくまでも心の世界の中で（客観的存在であるかのように）主観的に体験されると思うのです。

私は、物理的現象と心理的現象の双方を事実として認めたい。物理的現象のみが真実だと強弁し、心理的現象はたんなる「錯覚」だとか「妄想」だと一蹴したくないのです。[6] 物の世界では地球は太陽をまわっているのですが、心の世界では太陽が大空を巡っているように見える。人によっては、富士山から見る朝日は「ご来光」であり、「お月見」は月面観測と異なる感慨を引き起こし、天河神社から見る天の川銀河は清らかな光を放っているように感じられる。恋人の姿は雑踏の中でも浮かび上がるように見え、騒音の中でも自分の名を呼ばれると多くの人は気づく。さらに言えば、死を迎えるときでも、スピリチュアルな存在がそばに来てくれるようなイメージが生じるなら心が安らぐかもしれません。このような事実を事実として受け入れることが、心理療法家にもときには求められるように思うのです。

では、心理的現象と物理的現象はどのようにして顕現するのでしょうか。両者の関係は因果的に捉えることができるのでしょうか。今日、たいていの科学者は物質から精神が生まれると考える。脳や神経系などにおける物理的現象によって感覚や知覚、感情や欲求、イメージや思考、さらに意志といった心理的現象が発生するという仮説です。一方、宗教の信者はたいてい、大いなる主体（神）によってこの世が産み出された（少なくとも多くの出来事が左右される）と信じる。すなわち、精神が物質に影響するという信仰です（このようなビリーフは、人類が言葉や道具の使用によって「主体意識」を持つようになったころから育まれてきたのかもしれません）。

しかしながら私は、物の世界と心の世界は因果では捉えきれない対応（類似や一致）が生じることがあると思います。たとえば私は、物理学者が探究してきたこの宇宙の歴史と、私たちの祖先の心に浮かんだ神話や物語との間に不思議な類似を感じます。

物理的には、この宇宙は一三八億年前に真空の揺らぎからインフレーションとビッグバンを起点として誕生し、それからわずか三八万年後に光子が直進できるようになり（宇宙が「晴れ上がり」）、一億年ほどして恒星が輝きだし、それから現在まで加速度的に膨張してきたと考えられています。この仮説は、旧約聖書における、神がはじめに「光あれ」と言ったという記述を彷彿させないでしょうか。あるいは、約四六億年前に誕生したこの惑星が高温のマグマの塊、いわば「火球」から次第に冷え、やがて大気中の水蒸気が雨となって何百万年も降り続き（Gee, 2021/2022）「水球」のような様相を呈し、さらに表面に島や陸地ができて現在のような「地球」になったという科学的な説明は、古代の日本人が語る「イザナギとイザナミが海をかき混ぜて島々や大陸を作った」という神話と不思議なほど類似していないでしょうか。

また、この惑星では約四〇億年前に生物が誕生し、六億年前には海の中に多様な生物種が出現し、三億数千万年前には陸上に脊椎動物がおり、その後、爬虫類と哺乳類の祖先が現れ、六五〇〇万年前に恐竜が絶滅して、多様な哺乳類のなかから類人猿が生まれ、七〇〇万年前にはヒトとチンパンジーが分岐し、二〇万年（遅くとも一〇万年）前にはヒトの中からホモ・サピエンスが誕生したと推定されています。ホモ・サピエンスはその後、生息領域を地球のほぼ全領域に拡大し、（ネアンデルタール人は我々の祖先と交雑した後、四万年前に絶滅したので）唯一の人類となって、認知革命・農業革命・科学革命（Harari, 2011/2016）を経て、著しい人口増加を達成してきたのですが、その過程で恣意的な音や文字を組み合わせた言語を使用し始めたことが非常に重要な意味を持っています。私は、このことが、新約聖書にある「初めに言葉ありき」という認識と鮮やかに対応しているように感じるのです。[7]

ただし人類は、このまま進むと核戦争や環境破壊によって数百万年も経たないうちに滅亡すると予測している人も多いのではないでしょうか。生物（遺伝子）は一般に、進化していく過程で個体群の一部が多少なりとも姿や行動を変え、種が分岐・多様化すると、種間で食う・食われる等の関係を形成しながら永遠の拡大再生産を志向するので、人類を含む地球生物もその一部は他の惑星や空間で生活できるようになるかもしれません。しかし、だとしても、やはり、一〇億年後には環境が苛酷になって地球生物は絶滅すると言われています（たとえば、Gee, 2021/2022）。万が一、その後も生き残る生物がいたとしても、太陽が膨張して死を迎える五〇億年後には、いや、天の川銀河がアンドロメダ銀河と衝突し合体を終える七〇億年後（谷口、二〇二二）には、たぶん、全地球生物が絶滅しているでしょう。

しかし、この宇宙には、現在、約一兆個の銀河があり、各銀河には平均一〇〇〇億の恒星があり、各恒星には約一〇個の惑星があると推定されているので、惑星の総数は一兆の二乗になります。さらに、この宇宙以外の宇宙も存在する（と私は信じるのですが）なら、きっといつか（いまも）どこかで、エネルギーの一部が物質に、物質の一部が生物になり、生物の一部に心理的現象が発生する（している）のではないでしょうか。だとすると、生と死は（サインカーブの頂点付近のほんのわずかな期間に生物が存在し、それ以外の非常に長い期間は生物が存在しないというサイクルが）繰り返されるプロセスの一部であり、このプロセスの源とそこから産み出されたものすべては、エネルギーを媒体として永遠につながっていると考えてもよいかもしれません。

このように捉えると、仏教における「色即是空・空即是色」は、$E=mc^2$[8]という法則を、あるいは、「諸行無常・諸法無我」や「輪廻転生」の思想は、サイクリック宇宙やマルチバースといった仮説を先取りしているように思えないでしょうか。

そして、あえて言うならば、心の世界に現れる物語は、物理的現象と不思議な重なりを織りなしながら私たちの人生に豊かな彩を与えてくれるように思います。私は「嘘もうれしい」とは言いたくないのですが、主観的世界の物語にもそれなりの価値を感じ続けたいと思っているのです。

紙数が尽きてきたので、多くの人がスピリチュアルケアを求める、死が差し迫ってきた場面を想定したアート・ガーファンクルの〝Old Man〟という（どちらかというと物理的世界観に基づく）歌と、私が期待する（どちらかというと心理的世界観に基づく）臨死体験を対比してこの稿を終えたいと思います。

ガーファンクルは、死期を迎えてベッドに横たわる老人に若者が語りかけるシーンを歌います。

♪

目を開けて、お別れに来た僕を見てよ。

……（中略）……

慰めに来てくれる神様なんていないさ。

そんな話は嘘だって言ったのは、おじいさんじゃないか。

おじいさんはもう誰も必要としていないし、

誰もおじいさんを必要としていない。[9]

泣かないでおじいさん。

みんないつか死ぬんだよ。

（筆者訳）

一方、私は死に直面したとき、河合先生にお迎えに来ていただくことを夢見ています。私は、先生にお会いできたときは、こう言おうと思っています。

「わあ、先生、来ていただいてありがとうございます。いやー、先生が亡くなられてからは大変でしたよ！」。すると、先生は呵々大笑して、「見てた、見てた」と仰います。しかし、ほんの二言三言話すと、先生はきびすを返して高みに昇って行こうとされる。

「あ……先生！！」と呼びかけると、先生は振り向いて「僕は、上の方ですることがあるから」と仰る。私は納得して、「分かりました。……でも、どうしてもというときには、そばに来てくださいね」と言います。すると、先生は微笑して頷き、去って行かれます。

私には、まだまだ修行の道が続くのでしょう。

注

1　私は議論をわかりやすくするためにしばしば（たとえば、「心の傷」と「心の病」のように）二分法を用いますが、心の世界では、一方と他方を（面積ゼロの）境界線で厳密に区切るのは難しく、両者の間には、むしろ（ある程度の面積のある）境界領域が存在する、あるいは、両者はスペクトラムとして広がっているといった方が実態に即しています。心の傷を正常な反応、心の病の症状や問題行動は異常な反応ということもできますが、心の領域では正常と異常は程度問題であり、両者の境界線は時代や文化、集団や個人によって多少なりとも異なるのです。

2　Bさんは、当時、他のアイテムにも反映していた「見えない何か」は「自分を無意識に（あるいは盲目的に）突き動かすもの」であったけれど、Kuramitsu（2019）を読んで、それは、もしかしたら将来的に「自分を見守ってくれているもの」「自分に力を与えてくれているもの」というように解釈できるかもしれないと思うようになったと言っておられました。象徴的イメージの意味も変容しうるのです。

3　この禅僧は、当時、相国寺にいた佐々木承玄（現：奘堂）で、東京大学で坐禅のワークショップをしていただいたのですが、後に、私との対話（倉光、二〇〇九）の中で「坐禅は悟りの手段ではない」と語り、私はなるほどと感動した記憶があります。「今この瞬間」の体験は何かの手段として捉えると密度が薄くなってしまうのでしょう。

4　ハンセン（Hansen, 1997）は、「スピリチュアリティと宗教を区別することが大切だ。通常、宗教という言葉は組織化された宗教を意味し、教会や寺やシナゴーグなどを通して信仰や実践が培われる。一方、スピリチュアリティは、信仰や世界観と関わりはあるけれども、組織的宗教活動を必ずしも伴わない。ただ、人間を超えたより高次のパワーは想定されているのだ」（p.189　筆者訳）」と述べ、また、アーランソン（Erlandson, 2000）は、「今日、アメリカ人の多くは、精神と宗教をつなぐ「スピリチュアリティ」に関して二つの気持ちを抱いている。彼らは一方で、自分を超える何か大いなるものの存在を信じたいという願いを持っているが、他方、組織的宗教に対しては、もはや自分たちの生活に何ら精神性も霊性ももたらさないので、失望し軽蔑している」（p.4 筆者訳）と記しています。

5　両者が金銭的報酬を得ず、基本的欲求の満足を相当犠牲にしたことによって、人々は神の愛や仏の慈悲をより実感しやすかったのではないでしょうか。

6　多くの科学者は、心理的現象は物理的現象から発現すると捉え、前者が後者と食い違うと前者を幻覚や錯覚としてとらえます。たとえば、ベリング（Bering, 2011/2012）は、神という概念は「心の理論」が進化したヒトにおける「適応的錯覚」であるとし（二〇七頁）、セス（Seth, 2021/2022）は、私たちの意識的経験は「脳による予測、つまり「制御された幻覚」の一形態」であるとしています（一四頁）。しかし、私たちは主観的には随意筋をある程度思いのままに動かせると感じており、意図的に特定のイメージを心の中に出現させることもできます。

また、私は、ドーキンズ（Dokins, 2006/2007）の有名な著書のタイトルになっている「神は妄想である」という主張は、「妄想」という語を「主観的な根拠を基に導かれる強固な確信」という意味で用いるなら説得力があると思います。その考えに沿うと、（キリスト教的）信仰は肯定的妄想、（被害）妄想は否定的信仰と言ってもよいかもしれません。実際、神の声を聞いたとか、死者の霊を見たという人は精神病者と近い体験をしているようにも思います。しかし、いわゆる健常者でも、亡くなった家族がすぐそばにいるように感じることはありますし、科学者の中にも恩師の墓に向かって手を合わせる人がいます。下山（二〇〇四）らは、臨床心理学も「物理学」をモデルにしていると言いますが、『精神物理学』を執筆したフェヒナー（Fechner, 1904/2008）でさえ、匿名で死後の世界についての著書を出版しています。

世界にこのような二面性があるとすると、物理的・客観的現象をきちんと認識しつつ、日々の暮らしの中では、心理的・主観的現象を豊かに体験しながらマインドフルかつスピリチュアルに生きていくことに意味や価値を見出す人がいてもおかしくないでしょう。そもそも、意味や価値を感じる「主体」が（自分であれ神であれ）存在するという感じ（主体意識）は心理的現象です。

ちなみに、こうした主体意識は、「かつて、このような環境を知覚した時に、どのような反応をしたらどのような環境変化が生じ、どのような快・不快が体験されたか」という記憶が回想され、「では、現環境下で、最高の快（最低の不快）を引き起こすような反応は何か」が予想され、（シミュレーションの結果）選択された反応（いまや行動）が意志（will）によって実行されるというプロセスにおいて顕現しやすいのではないでしょうか（快はその生物種の繁殖確率を最大化する反応に伴われる）。このプロセスに対応する物理学的現象（S-O-Rの累積）はもしかしたら、神経細胞だけでなく全細胞の遺伝子レベルでも生じているかもしれません。

7　世界や宇宙の根源については、哲学的な議論もあります。小西（二〇二三）は、井筒俊彦の「ゼロ・ポイント」（ないし「一」（いつ））について、それは「世界のあらゆる存在・事象や私たちの意識の根源であると同時に、存在や事象、または意識が「生成する以前の次元」」だと述べています（二四四頁）。この認識は、量子力学的知見を援用した田坂（二〇二二）の「ゼロ・ポイント・フィールド仮説」（一一四頁）を彷彿させます。しかし、小西は筆者への私信で「田坂が論じていることは一種の宗教だ」と断じました（実際、田坂はある宗教団体に深くコミットしています）。

このような哲学的・宗教的認識は現代の科学的知見と対比することができます。天文学者の谷口（二〇二三）は、「宇宙にはゼロも、無限大も、永遠もない」（一八〇頁）と言います。彼の説を私なりに読み解くと、「この宇宙は粒子と反粒子が対生成・対消滅を起こしている、いわば「揺らいだ無」から（ある確率で一から）誕生したのであって、そこに大きさゼロの時間（瞬間）や空間、粒子などを見出すことはできない。同様に、この宇宙が今後も拡大し続けるとしても無限大に到達することはない。したがって、永遠も存在しない」ということになるでしょうか。

しかし、心の世界には、生命の各瞬間（すなわち、ゼロの時間）に深層と高層を貫く軸を中心にして広大な領域（面積も体積もゼロの空間）が広がり、それが永遠に連なっていくというイメージが生じることはあります。そして、井筒らの哲学、上座部仏教などの宗教、エンデの『モモ』などの芸術作品、そしてユングの深層心理学などは明らかにこの次元と通底しています。すなわち、心理的世界では、瞬間も無も永遠も存在するように感じられることがあり、そういう体験を生きていくことが、この世の苦しみを超克する道になりうると言ってもよいのではないでしょうか。

8　エネルギー量は質量に光速の二乗を掛けた値になるというアインシュタインの有名な公式。現代の物理学では、この式にしたがって、エネルギーは物質に、物質はエネルギーに変換できる（たとえば、核分裂や核融合で膨大なエネルギーが放出される）とされています。

9　そうは言うものの、この若者がこの時点でこの老人に会いに来ているということは、やはり、この二人にとって互いの存在には意味や必要性（need）があったのではないでしょうか。

文献

Bering, J. *The Belief Instinct: The Psychology of Souls, Destiny and Meaning of Life.* 2011.（鈴木光太郎訳『ヒトはなぜ神を信じるのか――信仰する本能』化学同人、二〇一二年）

Dawkins, R. *The God Delusion.* 2006.（垂水雄二訳『神は妄想である――宗教との決別』早川書房、二〇〇七年）

Ellenberger, H. F. *The Discovery of the Unconscious: The History and Evolution of Dynamic Psychiatry.* 1970.（木村敏・中井久夫監訳『無意識の発見　上・下』弘文堂、一九八〇年）

Erlandson, S. E. *Spiritual But Not Religious: A Call to Religious Revolution in America.* Iuniverse.com, Inc. 2000.
Fechner, G. *The Little Book of Life after Death.* 1904.（服部千佳子訳『フェヒナー博士の死後の世界は実在します』成甲書房、二〇〇八年）
Gee, H. *A (Very) Short History of Life on Earth.* 2021.（竹内薫訳『超圧縮　地球生物全史』ダイヤモンド社、二〇二二年）
Hanh, T. N. *Going Home: Jesus and Buddha as Brothers.* 1999.（池田久代訳『イエスとブッダ』春秋社、二〇一六年）
Hansen, L. S. *Integrative Life Planning: Critical Tasks for Career Development and Changing Life Patterns.* Jossey-Bass Publishers. 1997.
Harari, Y. N. *Sapiens: A Brief History of Humankind.* 2011.（柴田裕之訳『サピエンス全史　上・下』河出書房新社、二〇一六年）
Hick, J. *Problems of Religious Pluralism.* 1985.（間瀬啓允訳『宗教多元主義――宗教理解のパラダイム変換』法藏館、二〇〇八年）
Hillman, J. *Suicide and the Soul.* 1964.（樋口和彦・武田憲道訳『自殺と魂』創元社、一九八二年）
石川勇一『心理療法とスピリチュアリティ』勁草書房、二〇一一年
James, W. *The Varieties of Religious Experience.* 1902.（桝田啓三郎訳『宗教的経験の諸相（上・下）』岩波書店、一九六九・一九七〇年）
Jung, C.G./Jaffe, A. (Ed.) *Memories, Dreams, Reflections.* 1961.（河合隼雄・藤縄昭・出井淑子訳『ユング自伝1』みすず書房、一九七二年）
鎌田東二「天河弁財天社――超宗教への水路《チャンネル》」鎌田東二・津村喬編『天河曼荼羅――超宗教への水路《チャンネル》』春秋社、二五―二七頁、一九九四年
鎌田東二『スピリチュアリティと宗教』ビイング・ネット・プレス、二〇一六年
河合隼雄『生と死の接点』岩波書店、一九八九年
小西達也『インターフェイス・スピリチュアルケア――永遠と対話の根源へ』春風社、二〇二三年
倉光修「禅僧と心理療法家の対話」東京大学大学院教育学研究科臨床心理学コース紀要、第三二集、二九四―二九六頁、二〇〇九年
Kuramitsu, O. Spiritual Images emerging in psychotherapy process: Beyond religious affiliation. *Journal of The Open University of Japan,* **37**, 21-29. 2019.
倉光修編著『臨床心理学概論』放送大学教育振興会、二〇二〇年
Maslow, A. *A Theory of Human Motivation.* 1943.（小口忠彦訳『人間性の心理学』改訂新版、産能大出版部、一九八七年）
Seth, A. *A New Science of Consciousness.* 2021.（岸本寛史訳『なぜ、私は私であるのか――神経科学が解き明かした意識の謎』青土社、二〇二二年）
島薗進『精神世界のゆくえ――宗教からスピリチュアリティへ』法藏館、二〇二二年
下山晴彦「臨床心理学の発展に向けて」下山晴彦編著『臨床心理学の新しいかたち』東京大学出版会、三―二二頁、二〇〇四年
篠田謙一『人類の起源――古代ＤＮＡが語るホモサピエンスの「大いなる旅」』中公新書、二〇二二年
瀧口俊子・大村哲夫・和田信編著『共に生きるスピリチュアルケア――医療・看護から宗教まで』創元社、二〇二一年

谷口義明『宇宙を動かしているものは何か』光文社新書、二〇二二年
谷口義明『宇宙・0・無限大』光文社新書、二〇二三年
田坂広志『死は存在しない——最先端量子科学が示す新たな仮説』光文社、二〇二二年

出会いと別れ、生まれ出る願い

宮原亮子

これまで心理臨床の場で、人と出会い、時を共にして、やがてお別れをしてきました。それら一つ一つはかけがえのない廻り合わせです。廻り会ったその瞬間からその人全体が発していることが私に響き始めます。それから、お会いするその時その時のその人と私とその場の在りようが創り出されます。その人との出会いの情景、ご一緒している時のその人の姿や言葉や表情や動作、そしてお別れの時のことを私は覚えています。記憶は映像と言の葉として私の中で生き続けます。そして、その記憶は時として、私に生きる力や勇気を与えてくれます。全ての出会いに感謝しつつ、報恩ができるよう願っています。かけがえのない廻り合わせとお別れの時の様相を、ここで少しだけご紹介します。

Aさんは傷ついていて、とても不安で、人と接して不安定になる時があるために、カウンセリングを始められました。数か月後の最終回のカウンセリングの終了間際に、Aさんは涙を拭って姿勢を正しておっしゃいました。「将来の希望などないと思っていました。でも今はそうではないです。見つけられました」。瑞々しくて新鮮で生まれたての感動が私の内部に瞬時に湧きあがりました。Aさんの笑顔で凛とした出で立ちがそこにありました。私は別れを惜しみつつも、感謝に包まれました。Aさんと出会い、Aさんと時を共にし、こうしてAさんとお別れをする。それを頂けたのは、何よりもAさんが毎週カウンセリングに通い続けて、苦悩に満ちた生い立ちを辿り、世の中やほぼ全ての他者からわかってもらえぬ孤独感や、不安や恐れや怒りを抱えた現実をありのままに語ってくださったからでした。Aさんの涙、戸惑いが映る瞳、憤りのこもった発声、弱々しい語気、力強い言葉、落ち着いた在りよう、真剣な表情、気高さが漂う姿、それら全てがAさんであり、カウンセリングの場はその時々に彩られました。そして、時としてAさんと私は同時に同じ言葉を紡ぎ、視線を交わして瞬時微笑み合いました。一瞬一瞬が一滴一滴になって、共に居る場がほんの少しずつ潤い、その潤いが溜まっていく感覚があるのではないかと思われました。それを言葉で確かめ合ったことはありませんでしたが、Aさんが感じていたであろうものと私が感じていたものとの間の境界が薄れて、交流が生じていたことが、Aさんの表情から窺えました。繋がったこと、そしてその繋がりの存在とその人のことを覚えておくこと、それは私が生きることそのものであり、会えなくなっても消えはしないのです。

このように消えはしないことは私が臨床心理士になって間もないころからありました。精神科病棟で青年期から数十年の長期間の入院生活を送りながら、創作活動をされていたBさんがいらっしゃいました。その作品を通してBさんと私はかかわり合いを持てました。かかわり合いの時には必ずBさんの笑顔が見られました。Bさんの一番の自信作は打ち上げ花火が描かれたものでした。その秘蔵の作品を前に、Bさんと私は、広い夜空にパッと煌めく大輪の花火を見上げているかのようでした。見上げた時の臨場感と高揚感とがBさんの声や表情や動きから伝わり、その時に私も同じような感覚を覚えていて、Bさんとの繋がりを体験しました。その後、止む無く私は退職することになりました。退職日に、私はBさんのお部屋にお別れを告げに行きました。しかし、Bさんはベッドカーテンに固く囲われた内部に身を潜めて沈黙されていました。私はこれまでのような距離感でご挨拶できるとばかり思っていたので、当惑と悲しみを覚えましたが、これがBさんのお別れの姿と承知しました。その数年後の春の日の朝のことでした。私は自宅で家事をしながら、TVをとくに注視もせずに聞き流していました。たまたま画像を見て、長寿で著名な医師が健康を語られているなと感知しました。その瞬間、画面の音量表示バーのレベルが0に下がり、それと同時に、東向きの開け放たれた窓からTVの前を横切り、西側にある玄関までの一直線の空間経路を、一気に何かが通過したのです。一瞬の出来事でした。家人の誰一人それに関係する行為をしていなかったので、不思議としか言いようがありませんでした。その日の僅か数日後に、二年前に退職した病院の関係者から連絡が来ました。入院患者のBさんが数日前に亡くなられたということで、その死を悼む内容でした。二年後にBさんは私にお別れを告げに来られたのでした。あの一瞬が本当のお別れで、しかも空を駆け抜ける勢いをもって、精一杯生きた思いのたけを表されたのだと、直感し確信しました。Bさんに私からのお礼が届いて、安らかであられるよう願いました。Bさんと絵や作品制作以外のこと、たとえば幸せや希望や生きることなどについて、話したことはありませんでしたが、Bさんは身をもって命や繋がりを伝えに来てくださったのかもしれません。言葉にならないBさんへの問いかけが、私の心の中で響きます。桜の花が美しい春の日の朝に、Bさんのことを思います。

心理臨床の場のみならず、時と場を共有して交わし合って繋がり合ったこと、それは消えません。離れても、会えなくても、必ずどこかに残っているのです。時を経ても色あせないで残っているのです。それと今とがアクセスできる時には、きっと優しさとあたたかさの感覚、穏やかな感覚を覚えることでしょう。同時に、心や身体のどこかに痛みが感じられたとしても、その痛みとともにいることができるかもしれません。それはかかわり合ったからこそ、繋がり合ったからこそそのものなのです。痛みは完全に消えないかもしれませんが、やがて懐かしい安全感が蘇る瞬間も訪れるでしょう。そして人は願いや希望の感覚を思い出すかもしれません。それは自然に生じてくるものです。やりがいについて、生きることについて、幸せや愛について、繋がりについて、覚えておくことや託すことについて、死に行くことについて、このような様々な思いが瞬きます。それらの瞬きは遠いものではなくて、私たち生きている者たち、亡くなった者たち、全ての命のすぐそばにあるものなのです。私はそう思っています。

喪失の闇に微かな光が灯るとき

名合雅美

私は臨床の中で夢やイマジネーションも大切に想う心理職です。私がこの仕事を生業にしたきっかけの一つに同級生ヒカル（仮名）の死があります。お互い大学入学に伴い故郷を離れ、時折思い出したように連絡しては、一人暮らしの失敗談を笑いとばし合う仲でした。大学を卒業し、それぞれ新しい道を歩み始めて三か月が経った頃、何の前触れもなく、ヒカルの訃報は届きました。足元の地面が崩れ落ち、深く暗いクレバスの底に落ちてしまったようでした。そこから見る遥か地上にある元いた日常の景色は、色も現実感も希薄で、身体の半分がまるでヒカルのいる世界にあるような感覚が半年ほど続きました。それまで当たり前にあったもの（大切な存在、健康、安全、居場所等など）を失うことは、世界が一変し、絶望の闇に閉じ込められるような喪失体験となります。私は、埋まることのない喪失感を心の奥でフリーズさせながら、気が付けば日常に戻っていましたが、何年もヒカルのお墓参りはできませんでした。しかし、自らの教育分析を受け始めて数年が経ったあるとき、〈よし、お墓参りに行こう〉と思い立ちます。フリーズした心をやんわりと暖めてくれるようなうららかな日、私は墓地の桜に満開で迎えられました。お墓の前で合掌し、いろいろな想いを巡らせていると、木の上で一羽のカラスが妙な声で啼き始めます。「ケロケロ、クワックワッ、カア～」まるで何かしゃべっているようだなと思った瞬間、不意に涙が込み上げてきました。〈ヒカルだろうか……〉いつの間にか、墓地には私ひとり。静寂の中、世界には自分とそのカラスだけのような錯覚に陥ります。幼い頃、寺の住職だった祖父は裏山の上空にカラスが集まってカァ～カァ～と旋回していると『誰か亡くなるな』と言っていました。私にとってのカラスはあの世とこの世の中間的存在です。と、「あほ～、何をめそめそしょんな～。わしはこけえおろうが～」と聞こえた気がします。〈**あんたはカラス、私はこっちで今も生きているんだよ**〉と自ら死を選んだヒカルへの皮肉を向けてみます。「まだそんなことにこだわりょんか～（こだわってるのか）。それがわからんけぇ、おえんのんじゃ（わからないから、ダメなんだ）」と笑いとばされた気がしました。わざとらしく使う方言、私の涙を茶化し、上から目線でダメ出しするその口調はヒカル以外の何者でもありません。私の心に届いた言葉は、私が予想だにしないものでありながら、これ以上ないくらいヒカルらしいものでした。それは、ヒカルから届いた声であると同時に、私の想像や意識をはるかに超えた魂とでもいう領域から湧いてきたイマジネーションなのかもしれません。どちらにしろ、まさにヒカルという存在がこの世に形はなくても、間違いなく「いる」と感じられたリアルな体験でした。その日以降、私にとってのヒカルは決して消えることのない光として私の心に絶対的な存在感で灯っています。

もう一つ、私にとって夢か現実か曖昧な体験があります。東日本大震災の三か月後、私はボランティアで気仙沼へ行く機会を得ました。避難所へ赴く初日の早朝、同じ班の方々が街の様子を見に行く計画を立てていました。任務を終えるまでは泣かないと心に決めていた私は、残って部屋で寝ていることにしました。皆が出かけて少しして、部屋の扉が開く音がしました。忘れ物かな？　と思っていると、ザワザワとたくさんの人が入って来る気配がします。〈私はまだ寝てるのに〉と思いつつも、布団の中で気付かないふりをしていました。すると、入って来た人たちが「一緒に行こう」と手を引っ張ります。私は布団の中で〈今は無理です。最後に絶対行きますから〉と言った気がします。すると、ザーっとその人たちが出ていきました。あとで考えると、二〇～三〇人はいたように思います。しかし、戻って来た同室者は、忘れ物もしていないし、戻ってきていないと言いました。任務最終日の宿への帰り、張り詰めていた緊張も緩み、立ち寄ったコンビニで携帯を開くと、友人から出産の知らせが届いていました。津波にのまれた多くの方の命を感じる地で、新たにこちらに生まれ来る命の報せ。辺りがまだ真っ暗な中、必死に光を灯し営業を再開しているコンビニの駐車場で、自分がまるであの世とこの世の無常のはざまにいる様な気持ちになり、涙が止まりませんでした。帰途につく日の朝、私はあのとき私を呼んだ人たちに応えるべく、現地を巡りました。どれだけ心を寄せても被災していない自分にはわからない痛みがあり、距離は埋まらないと思う私ですが、流されてきた大きな船以外、原形を留めるものが何もないがれきの山の間で、不思議と私は自分がその地に呼ばれ、何かを結び繋がったような感覚を得ました。

生と死、善と悪等など、世界を相反する言葉で括ってしまうと、人は死や悪に不安や恐れを抱き、遠ざけようとします。しかし、人生の中では思いがけず、深いクレバスの底で身動きがとれなくなることがあります。そういう状態は、ときに適応障害やうつ病と診断がついたりします。そのような状態の方々にお会いする心理職に必要なのは、暗いクレバスの底に垂直に降りて行き、クライエントのいる孤独な世界にともに身をおき、分断された世界とのはざまに水平に橋を架ける力だと思います。私はイマジネーションや夢を通して、自らの喪失、被災地が抱える大きな喪失にアクセスしたのだと思います。スピリチュアルケアとは、意識を超えたところからやってくる魂からの声に真摯に耳を傾け、寄り添う行為だと思います。それは**祈り**そのものでもあります。死でさえも遠ざけることなく含むその深淵な世界に自らが開かれることは、喪失の闇を光に変容する転機ともなります。生と死は大きな隔たりのある別々の世界だと思っていた私に、あの日ヒカルは言いました。

「まだそんなことにこだわりょんか〜。それがわからんけぇ、おえんのんじゃ」

文献

老松克博『アクティヴ・イマジネーションの理論と実践① 無意識と出会う』トランスビュー、二〇〇四年

東北学院大学震災の記録プロジェクト／金菱清（ゼミナール）編『呼び覚まされる 霊性の震災学――3.11生と死のはざまで』新曜社、二〇一六年

第4章

ノブレス・オブリージュ

――「失われた基音」としてのスピリチュアルペイン

岸本寛史

「ノブレス・オブリージュ」。この言葉は、君塚直隆の『貴族とは何か――ノブレス・オブリージュの光と影』(二〇二三)によりますと、「近年ではカタカナの日本語にも定着しているほどに、日本にも浸透している言葉」だそうですが、私は恥ずかしながら、数年前に前嶋さん(仮名、七〇代男性)という患者さんに教えていただくまで、この言葉のことを知りませんでした。同書によりますと、ノブレス・オブリージュとは、貴族などに代表される高貴な身分に伴う「社会全体に対して果たさなければならない責務」のことだとされています。それは、戦乱の世では主に「軍務」でしたが、平和の時代には「人々の生活を豊かに快適にするための責務」となりました。ただ、私にこの言葉を教えてくれた前嶋さんは、医療者、とくに医師が果たすべき責務という意味をそこにこめておられました。前嶋さんによると、医師は一般の通念では高いステイタスにあるのだから、患者に対しても治療に対しても果たすべき責務があり、医師はそれを自覚すべきだ、というわけです。

本章では、前嶋さんの事例に拠りながら述べます。スピリチュアルケアを意識してかかわったわけではありませんが、ソンダースが提唱した「トータルペイン」の概念にはスピリチュアルな側面も含まれていますので、これを手がかりに論じてみようと思います。私は内科医で、現在は主に緩和医療の現場でがん患者さんとお会いしているからです。緩和医療の大きな柱の一つが痛みの緩和で、そのためにモルヒネを始めとする医療用麻薬を使います。前嶋さんも、主治医から疼痛コントロールをしてほしいと紹介されてきた患者さんでした。しかし、この「痛み」が単純ではないのです。

痛みの難しさ

二〇二〇年に国際疼痛学会は痛みの定義を改訂しました。一九七九年の定義からじつに四一年ぶりの改訂です。新しい定義では、痛みは「実際の、もしくは潜在する組織損傷に関連づけられる、あるいはそれに類似する、不快な感覚的情動的体験」と述べられています（Raja et al., 2020）[1]。ここでのポイントは、痛みが、「不快な感覚的情動的体験」であるということと、実際の組織損傷の有無を問わないということです。改訂にあたったタスクフォースは、とくに実際の組織損傷の有無に関して、喧々諤々の議論をまとめるのに大変苦労したようですが（Raja et al., 2020）、いずれにしても、痛覚刺激が痛覚神経を介して脳に伝達され、そこで痛みとして認識される、という単純な図式では、痛みの理解に遠く届かないというのが共通認識でした。

一方、緩和医療の領域では、シシリー・ソンダースの「トータルペイン」という考え方が中心に置かれてきました（Saunders, 1978, 1988）。緩和医療に携わる医療者で、これを知らなければ専門家とは言えないほど知れ渡っていますが、どれほどの人がこの概念を正しく理解しているかとなると、非常に寂しい状況だと思います。トータルペインの図式として、上下左右に「身体的」「精神的」「社会的」「スピリチュアル」の四つの要因をおき、中心の「トータルペイン」と結ぶというものがよく使われます（スピリチュアルケアについて論じる本書で「痛み」に言及するのは、「スピリチュアルペイン」という概念が、とくに緩和医療において、重視されているからです）。

これが誤解のもとで、痛みには、身体的痛み、精神的痛み、社会的痛み、霊的痛み（スピリチュアルペイン）の四種類があるという形で、つまり、痛みの分類として、受け止められていることがままあります。しかし、ソンダースの図はそもそも、“Total Pain”/Physical/Mental/Societal/ Spiritual（/は改行を示す）というものでした。小森はこれを「詩」と捉え（小森、二〇一七a）、私はこれを「痛みの和音」と表現しましたが（岸本、二〇一八）、痛みを分けて理解するのではなく、全体としてそのまま受け止めることの大切さを強調するものであったのです。

トータルペインという概念の重要性に反対される方は少ないでしょうが、それが実践で生かされているようには見えません。具体的にみていくために膵臓がんを取り上げてみましょう。膵臓がんはみぞおちのあたりにがんに関連した痛みが出てくることが知られています。それで、膵臓がんと診断されたときに患者がそこに強い痛みを訴えた場合、がんによる痛みと判断して、モルヒネなどで痛みを和らげることが試みられます。ここではほとんどの医療者はこの痛みを「身体的な痛み」と判断します。それは間違いではないのですが、経過を丁寧に辿ってみるともう少し別の側面が見えてくることがあります。たとえば、告知を受けるまではみぞおちのあたりに違和感を感じときどきキリキリと痛む程度であったのが、告知を受けた数日後に耐えられないほどの激痛を生じるというようなことはよくあります。そして、通常、このような場合、がん性疼痛と診断され、オピオイド（医療用麻薬）が開始されることになります。

がん性疼痛という診断自体は間違いではありません。しかし、告知を受けて数日の間に、それまで違和感程度だった痛みが激痛に変化したのはどうしてでしょうか。この間に病状が急に進行したという可能性は、皆無ではありませんが、そう高くはないと思われることがよくあります。それではなぜこの数日の間に痛みが強くなったのでしょうか。経過と照らし合わせてみれば、告知を受けたことが痛みに影響した可能性が見えてこないでしょうか。私はその可能性を考慮に入れます。告知を受けて強い不安や恐怖を感じたことで痛みが強くなったのではないかと。このようなケースでは、患者は不安だとか怖いとは訴えません。「痛い」と訴えるのです。ところで、もし、告知を受けたことで痛みが強くなったのであれば、これは心理的な痛みなのでしょうか。一方で、膵臓がんの病巣が痛みに関与していることは明白ですから、身体的な痛みであることは確かなことです。どう考えればよいのでしょうか。

ここでトータルペインの考え方が生きてきます。身体的な痛み、心理的な痛み…と分けてしまうと、このような状況では、通常、身体的な痛みと捉えられ、心理的な要因にまで目が向きにくくなります。この場合、膵臓がんの病巣という身体的な要因に病名告知後の不安や恐怖といった心理的要因も加わって痛みが生じていると捉えるのがよいと思うのです。言われてみれば当たり前と思われるかもしれません。しかし、実際の診療場面で患者がこのように痛みを訴えた場合、そこに身体的な要因と心理的な要因とが重なって表現されていると考えることのできる医療者は、残念ながら少ないように思います。

身体的要因、心理的要因、社会的な要因などが痛みに影響するというのは比較的理解が容易でしょう。しかしその逆向きのベクトルで、つまり患者が「痛い」と訴えるときに、それが身体面にも心理面にも響いていると受け止めることのできる医療者はさらに少ないと思います（トータルペインの観点からは、さらに、社会面にもスピリチュアルな面にも響くことになりますが、社会的な要因とスピリチュアルな要因についてはこの後で触れます）。私が「痛みの和音」と呼んでいるのもそういう理由からです。つまり、膵臓がんの患者がみぞおちが痛いと訴えているとき、体が痛んでいるだけでなく彼の心も痛んでいるのだと受け止める必要があるのです。小森が、「トータルペインが当初、患者の主観的経験を描写するものとして提唱された」（小森、二〇一七a）と述べているのもこの辺りの事情を踏まえてのことなのです。

繰り返しになりますが、膵臓がんの患者がみぞおちのあたりが痛いと訴えるときに、告知を受けたことと痛みとの間に関係があるということまで視野に入れられることは少ないと思います。通常、それは身体的な痛みと評価され、モルヒネをはじめとする医療用麻薬が開始されます。ここが最初の分岐点だと思うのですが、痛みの背後に告知を受けたことの不安や恐怖があると考えて、その心情を汲みながら処方をすることができれば、最小量のオピオイドで痛みが和らいでくることが多い、というのが私の感触です。

しかし、もしここで、痛みの心理的な側面が汲まれないまま、身体的な痛みとして薬だけで痛みをとろうとするとどうなるでしょうか。今度は強い不安と恐怖が、たとえば吐き気や眠気など、モルヒネの副作用という形で、姿を変えて現れてくる可能性が出てきます。吐き気も眠気もモルヒネの副作用とみなされますが、私はノーシーボ効果によって生じている場合が少なからずあるとみています。ノーシーボ効果とはプラシーボ効果の逆の作用で、薬の有効成分が含まれていない偽薬を飲んだときに、吐き気などの副作用を生じるものです。二重盲検試験の偽薬群に副作用が見られることから注目され、最近では強い不安がノーシーボ効果を生じる大きな要因であることが明らかになっています（Schedlowski et al., 2015）。つまり、心理的な要因だけで副作用が生じる可能性があるということです。

不安や恐怖が汲まれないまま残されると、オピオイドを開始しても痛みが続きます。そこで、オピオイドを増量することになりますが、そうすると今度は不安や恐怖が幻覚やせん妄という形をとって現れることになります（岸本、二〇二一）。このように、不安や恐怖は姿や形を変えながら現れてくる可能性があるのです。ここでは不安や恐怖を例としてあげましたが、他にも様々な感情が痛みの背後にあり得ます。そうすると、痛みをたんに数値で量的に評価するだけではまったく不十分で、丁寧に痛みの体験を聞いていくという作業が必要になります。そして、丁寧に痛みを聞くことが痛みの評価だけでなく、痛みの治療にもなるのです。

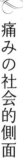

痛みの社会的側面

これまで、痛みの身体的側面と心理的側面について述べてきましたが、次に、社会的側面について考えておきたいと思います。トータルペインの図式で社会的側面として挙げられるのは、主に次のような項目です。家族と家計についての心配、職場での信望と収入の喪失、社会的地位の喪失、家庭での役割の喪失、疎外感・孤独感。これを見ますと、「社会的苦痛」という見出しのもとに様々な要因が含まれているように見えますので、少し整理をしておきたいと思います。ここで挙げた項目の多くに共通して見られるのは「社会的絆の喪失に対する苦痛」ではないでしょうか。家計についての心配は少し性質が異なりますが、それ以外の項目は、他者との絆が断ち切られることによる苦痛であるといえるでしょう。心理的側面として取り上げた強い不安や恐怖は、自らの生存が脅かされたときの生体の反応に起因するのに対し、トータルペインの社会的側面の中核には社会的絆の喪失があると考えられます。とりあえずこの想定をもとにして論を進めることにします。

この想定は、根拠のない恣意的なものではなく、生物学的、脳科学的な研究の起点にもなっています。というのも、社会的苦痛（／社会的痛み、social pain）の神経学的基盤の端緒を開いた論文において、社会的痛みとは、社会的疎外によって生み出される痛みとされていたからです。この論文は、二〇〇三年に科学雑誌『サイエンス』に掲載され、筆頭著者は社会心理学者のナオミ・アイゼンバーガーでした（Eisenberger et al., 2003）。この実験における社会的疎外とは、コンピューターゲームに参加した被験者に、最初から最後までトスが回ってこないようにするというものでした。このように、仲間はずれにするという社会的苦痛を被った状況で、機能的磁気共鳴画像（fMRI）を用いて脳の機能を調べると、前帯状回の活動が増すことが明らかになりました。ここは身体的な痛みによって活性が増す部位でもあり、身体的な痛みでも社会的な痛みでも、「痛い」という情動体験そのものは同じ神経回路が担っている可能性が高いとの示唆がなされて、脚光を浴びました。これ以降、社会的痛みの神経基盤に関する研究が数多くなされましたが、社会的痛みと身体的痛みとは区別ができないとの考え方はまだ覆されていないようです。

社会的痛みの神経科学的な基盤に関しては、基礎生物学的な研究からの知見もあります。感情神経科学を創始したヤーク・パンクセップは、七つの基本情動回路を同定しました（Panksepp, 1998）。そのうちの一つ、彼がパニック／グリーフと呼ぶ感情の回路が社会的絆と関係するとされています。この回路は、雛鳥が親鳥から引き離されたときに示す、泣き叫ぶなどの行動と関連する神経回路で、パニック回路と呼ばれました。雛鳥がある程度成熟するまでは親鳥から離れない方が生存の確率が上がりますから、進化の過程で洗練されてきた感情だと考えられています。ただ、親鳥が長く不在の状態でずっと泣き叫んでいると外敵に見つかりやすくなります。それで、初期のパニック状態はある程度の時間が過ぎると抑えて親鳥の帰還を待つ方が生存確率が上がるので、泣き叫ぶのではなく意気消沈してじっと待つという態勢に移行します。これは人の抑うつと似た状態であるためグリーフと名付けられました。つまり、この感情は時間経過によって初期はパニック反応、時間が経つとグリーフ反応、と二相性の反応を示します。それでパニック／グリーフという名前になっているのです。

このように、パニック／グリーフ感情は愛着の神経科学的な基盤と考えられ、人においてはパニックや抑うつの状態で鍵となる神経回路であると想定されています。社会的痛みとされている、仕事や家庭での役割の喪失、愛する家族と別れなければならない辛さ、疎外感や孤独感といった感情は、いずれも何らかの形で愛着のある対象から切り離されることに伴う痛みですから、その神経学的基盤にパニック／グリーフ回路があると考えるのは無理のない仮説だと思われます。

そして興味深いことに、このパニック／グリーフ回路は、身体的な痛みと同じ部位を賦活するだけでなく、オピオイドによって抑制されるのです。つまり、オピオイドは、身体的な痛みを和らげるだけでなく、社会的な痛みも和らげることが基礎科学の研究結果から示唆されているのです。ただし、社会的苦痛を和らげるためにオピオイドを使用することは勧められません。他者との強い結びつきは裏側から見れば依存が形成されるということでもあり、オピオイドへの依存を生むことになるからです。オピオイドによって社会的絆の喪失を代替することはできません。それほど単純ではないのです。

このように、アイゼンバーガーらの研究をはじめとする社会心理学的な研究も、パンクセップを中心とする感情神経科学の研究も、社会的な痛みが身体的な痛みと区別できないことを示唆しています。

痛みのスピリチュアルな側面

トータルペインの四番目に挙げられている要因がスピリチュアルな側面です。痛みにスピリチュアルな側面があることを最初に指摘したのは、ホスピスの創始者であるシシリー・ソンダーズです（Saunders, 1964/2017）。そこでソンダースは、次のように述べています。

疼痛は私たちの施設の入院患者の七〇パーセント以上に認められる主訴であるが、患者がそれだけを理由に受診することや治療されることは稀である。それを描写しようと試みる患者は、「私のどこもかしこもが悪いみたいなんです」という言葉を使い、他の症状について語るだけでなく、自分たちの心のつらさや社会的ないしスピリチュアルな問題に関する描写もそこに含めるのである。この「トータルペイン」のほとんどは、鎮痛剤なしでも消すことができる。同時に、体の症状に対して注意を払うことにより多くの不安や抑うつを軽減することができる。

ここでソンダースは、痛みにスピリチュアルな問題も関与していることを述べるだけでなく、トータルペインのほとんどは薬なしでも消すことができると述べています。さらに、体に目を向けることで不安や抑うつを軽減することができるとも述べています。ソンダースが、スピリチュアルな側面は身体的側面や心理的側面と明確に分けられるものではないと考えていたことの表れでしょう。

ソンダースは、スピリチュアルペインのエッセンスとして、意味への探究、無意味との直面といった点を挙げています。死が差し迫った患者の話を伺っていますと、「自分がなぜがんにならなければならないのか」とか、「なぜこんな痛みを味わわなければならないのか」といった怒り、「自分の人生の意味は一体何だったのか」といった生きる意味への問い、「死んだらどうなるでしょうか」といった不安を突き付けてこられることが少なくありません。このようなときにスピリチュアルペインが問題になっているととらえられることが多いのですが、トータルペインの考え方からすれば、最初に例として取り上げた膵臓がんの告知後に痛みが増したような場合でも、スピリチュアルな側面に痛みが響いている可能性はあると受け止める方がよさそうです。ただ、この辺りから私の中では収まりが悪くなってきます。

痛みの身体的要因、心理的要因、社会的要因については、神経科学の知見と照らしても、これらが同時に痛みに寄与するだけでなく、痛みはこれらの側面に同時に響いているととらえるのがよいというのは納得できます。しかし、スピリチュアルな側面をこれらの要因と同じ次元でとらえてよいのだろうかという疑問が生じてきます。

たとえば、スピリチュアルケアに関するあるテキストで、スピリチュアルケアの一例として次のような事例が示されています。「胃がんの末期で八〇歳代の男性は、夜になると頻繁にナースコールを鳴らします。「患部が痛い」という訴えです。何度か見回りに行っても、またすぐにコールがあることがつねになっていました。ナースのAさんが、ベッドサイドでじっくり傾聴やタッチングを繰り返したところ、原因は家で身の回りの世話をしていた妻が先に亡くなり、その孤独感や寂しさを「痛み」という表現で訴えていたことがわかりました。その後のケアとして、夕食後や夜にベッドサイドでの一〇分間の傾聴を心がけたところ、安心して眠れるようになり、ナースコールの回数が減りました」。この事例の痛みの背後にあるとされている、妻に先立たれた孤独感や寂しさは、先に見た通り、痛みの社会的側面で説明可能です。この事例の取り組みを否定するつもりは毛頭ありませんが、この事例を理解するのに、なぜ、スピリチュアルという側面をもちだす必要があるのかが私にはよくわからないのです。

日本スピリチュアルケア学会による「スピリチュアルケア」の定義によれば、[2]「予期せぬ病気や挫折、大切な人との別れなどの、人生を問い直すような出来事に遭遇したとき、私たちは生きる意味や価値観をさぐります。スピリチュアルケアとは、人生を問い直す個々の人に、傾聴を基本として寄り添い、人生のさまざまな困難に向き合います」とのことですが、「傾聴を基本として寄り添う」というのは、通常の心理療法の基本的な姿勢でもあり、このスタンスを強調する場合、一般の心理療法との相違が曖昧になってきます。

これに対して、スピリチュアルな側面を、他の三つの側面とは次元の異なるものとしてとらえる立場もあります。この異なる次元に神などの超越者をおく宗教的なケアではこの点が顕著です（ただし、宗教的なケアが全て超越的存在を前提しているわけではないということは私も承知しています。一例として言及しているとご理解ください）。ソンダースがスピリチュアルな側面のエッセンスとして強調する、意味への探究、無意味との直面といったことも、たんなる感覚や感情ではなく、反省的な意識を必要としますので、他の三つの側面と比べると次元が異なると言うことも可能でしょう。スピリチュアルケアを、たとえば神のような超越的存在を前提とするアプローチに限定すれば、概念的には明確なものになりますが、ケアの内容はその超越的な存在が中心になるでしょうし、ケアの対象もその超越的な存在を受け入れることができる者に限定されます。そこで、そのようなアプローチを仮にとるとしても、少なくとも実践の場面においては、超越的な存在を前面に出すことは避けられることになりやすいのではないかと思います。

超越的な存在をオブラートに包んだ形のマイルドな宗教的ケアとも言えるようなスピリチュアルケアとは異なる形でスピリチュアリティを理解しようとする試みもあります。そのようなアプローチの一例として、小森が見事な比喩を紹介しています。小森は、スピリチュアルペインを「失われた基音」とみなしてはどうだろうかと提案しています（小森、二〇一六）。「失われた基音」の説明については、小森（二〇一七b）が引用している谷口（二〇〇〇）の引用を示しておきます。

「差音の周波数がもとの音の周波数の最大公約数に近い時など、存在しないはずの基音が知覚されることがある。たとえば、四四〇Hz、五五〇Hz、六六〇Hz（それぞれ、A4、C5#、E5）の音を同時に聞くと、一一〇Hz（A2）の音が聞こえてくる。この一一〇Hzの音は最初の三つの音に共通する基音である。この現象は特に「missing fundamentals（失われた基音）」と呼ばれている。…（中略）…ファゴットで顕著に観察される。また、パイプオルガンの中には、長さの違う二つのパイプを鳴らすことで、差音として非常に低い音を出すように工夫されているものがある。実際にその音がでるパイプをつくったとしたら、建物に収まらない長さになるからである。…（中略）…楽器の使い方を工夫することで差音を生み出し、低音部に厚みをもたせた作品もある。…（中略）…反面、このような差音のいたずらによって、オーケストラのスコアにない音が聞こえてくることもある。」

たとえば、家族のこと、仕事のこと、人間関係や趣味など、様々なことが語られる中で、その最大公約数にあたるような「失われた基音」がふと聞こえてくる。そんなふうに立ち現れてくるスピリチュアリティを大切にするのがスピリチュアルケアではないかと考えるわけです。この喩えは、先の日本スピリチュアルケア学会の定義にもとづくようなアプローチを行いながらスピリチュアリティに触れることになる実践をうまく説明してくれるように思われます。あくまで一つの比喩に過ぎませんが。

結局、私自身はスピリチュアルケアをどう考えるかを明確にできないまま、事例を紹介することになります。本章の冒頭で断ったように、そもそも、私は臨床実践においてスピリチュアリティということを意識してかかわることはありませんでしたから、それも致し方のないこととご了承いただければと思います。ただ、そこに「失われた基音」としてスピリチュアリティの響きを感じ取っていただけるのであれば、本稿の意義もあろうかと思います。

事例

前嶋さん（七一歳、男性）は前立腺がんで治療中でしたが、X年一月に疼痛コントロール目的で緩和ケアチームに紹介となりました。その三年前の五月に受けた検診で前立腺がんのマーカーが高いということで近くの総合病院で精査を受け、六月に生検の結果、前立腺がんと診断されました。同じ年の八月に治療目的で当院の泌尿器科に紹介となりホルモン療法が開始となりました（治療開始まで時間がかかったのはいくつかの病院を受診されたからです）。治療開始からおよそ二年が経過した、X－一年一〇月ごろからお尻の辺りに痛みを徐々に感じるようになり、X年一月一四日に精査目的で入院されました。そのときに緩和ケアチームに紹介となりました。

第一期

入院初日に泌尿器科から依頼があり、病室に伺いました。簡単にチームの紹介をした後、「痛みのご相談で伺いました」と切り出すと、こんなふうに話されました。「（会陰部の奥から尾てい骨にかけて）大げさに言えばしびれているという感じです。押さえても痛くはないのですが、体勢によって、強い痛みが出ることもあります。座っていると痛くなるので、横になっていることが多いです」。痛みについて伺った後、仕事について尋ねると

「仕事はいろいろと複雑で。二〇代のときにカナダのバンクーバーにいたのですが、そのときにお世話になったホームドクターがすばらしい先生でしたので、それ以来いろいろ考えるようになりました。その先生はマギル大学で准教授までされた総合診療の先生でしたが、緩和医療もされていて、大学の職を辞められてホームドクターになられました。とてもよくしていただきましたし、いろいろなことを教わりました。アセトアミノフェン（一般の鎮痛薬）は強い痛みには効きますが、しびれたような違和感はずっと残っている感じです」。

本書の主な読者として想定されている心理臨床家は、がんの痛みについて直接相談を受ける機会はないと思います。とはいえ、トータルペインのところで見ましたように、心の痛みも体の痛みも社会的な痛みも、痛みという点では区別できないという神経科学の知見を考慮に入れるなら、処方は医師に委ねるとしても、がんの痛みについて聞いていくことも心理臨床家の仕事の一部と考えていただけると嬉しいです。そうしないと、トータルペインの全貌が見えないと思いますし、スピリチュアルペインについても木を見て森を語るようなことになりかねません。本稿で、がんの痛みの病態や薬のことについて詳しく述べるのも、トータルペインをまさにトータルなものとして描写していく上で必要だと考えるからです。

さて、前嶋さんの痛みに戻りますが、最初にお話を伺って、部位としては会陰部の奥あたりに痺れるような感じの違和感があるとのことでした。一か月前のＰＥＴ検査では骨に有意な集積を認めなかったため、骨転移の可能性は低いと考え、鎮痛補助薬と呼ばれる、オピオイドとは異なる痛み止めを処方して様子を見ることにしました。

一方で、大学の准教授を辞めて緩和医療も手がけるホームドクターの話には私自身、心を揺すぶられるところがありました。というのも、個人的なことですが、私も、大学病院の准教授の職を辞し、市中の総合病院で緩和医療に従事していたからです（もちろん、私の経歴のことなど前嶋さんはご存じありませんでしたが）。不思議な符合を感じながら話を伺っておりました。

　鎮痛補助薬を開始して痛みは軽減し、夜はよく眠れるようになりましたが、数日経つとまた痛みが増してきました。どうしようかと考えていたときに生検の結果が明らかになりました。通常の前立腺がんから、前立腺小細胞がんという、より悪性度の高い病型に変化していることが判明したのです。一月二一日のＣＴ検査でもがんが進行して病巣が拡大していることがわかり、抗がん剤治療が始まりました。

　痛みの部位はＣＴで病巣の拡大が認められた部分とも一致しておりましたので、がんの痛みと判断して、オキシコドン（医療用麻薬でモルヒネに類似したお薬）を開始することを本人に提案し、了承されました。開始後すぐに痛みはほとんど気にならない状況になりましたが、痛みが和らいだのは、医療用麻薬の作用に加えて抗がん剤の効果もあったと思われます。

　一月三〇日。「先生はスポーツはされてましたか？」「いえ、前嶋さんは？」「小中高と野球でした。高校のときは毎日げんこつと蹴りで今の時代なら捕まるでしょう。昔は親に言っても何も言わない。そんな時代でした」。部活のときの暴力の体験は痛みの原体験の一つとなっているかとも思いました。

　二月一〇日。「下痢も治まってきて、体調はいいです。世界にはすごい人がいますね。この前ニュースでＷＨＯの感染症危機管理シニアアドバイザーの進藤先生が出ているのをみて、数年ぶりに姿を見れて嬉しかったです。面識はないですけどね。林真理子さんが小説にしたり。すごい人ですよ。世界の感染で飛び回っていたり。外科医でシングルマザーで子ども二人を育てて。若い人たちにも伝えてあげてください」。前嶋さんの心の中に、危機管理のシニアアドバイザーのイメージが立ち現れていて、心の内なる治療者イメージが賦活しているように感じました。同時に、生きる哲学を持っているところに惹かれるところもおありなのだろうと思いました。

　二月二六日。「少しだるいくらいです。テレビで、ちょっと衝撃を受けたことがありまして。日本に来た外国の人が、六年間かけて日本語を勉強して日本の医学部に入り、医師になって、今はフリーランスで活躍している、というのをやっていて、自分がどれほど頭が悪いかを思い知りましたね。どうして医師になったのかと聞かれて、日本は医師不足だからと答えておられました。そういう人もいるんですね」。前嶋さんは、医師は悪いところを修理する修理工ではダメで、志を持たなければならない、と繰り返し言われていました。この外国人医師の生き方に示される志もその一例と思われました。

三月二三日。「心配なのはコロナですね。一年くらいは続きますかね。かかったら危ないですものね。その方が心配ですよ。冗談じゃなくて。二十歳過ぎのときにカナダでサルモネラになって一週間ほどのたうち回るような感じで、そのときも死ぬかもと言われましたが、コロナの方が怖いですね」。

四月一五日。「体調はいいんですけど、コロナのことが怖くて……私なんか、かかったら一発でアウトですからね。かなり神経質になっています。ここの病院ではマスク着用は義務づけられていないですか？　職員の人たち、けっこうマスクをしていない人も見かけるので怖くて……あと、まったく別のことですが、八八歳の女性監督が、日本で最初の女医さんの映画を作られたということで新聞に載っていました」。コロナへの恐怖、マスクをつけていない医師への怒りについて、強い口調で語られました。ご自身が感じておられた危機感の表れだと思いながら伺いました。

五月一九日。「今の日本の政治家は責任感がなくてだめですね。国民がまじめだから持っているようなものです。自分にできることはコロナにかからないよう免疫力をつけること、そのために歩くことくらいですね。痛みはないです」。痛みの方はずっと落ち着いているため、前日からオキシコドンが中止となっています。

七月一三日。「調子はいいです。昨日もトイレは頻回でしたが、合間合間は眠れました。アメリカの女性判事、八九歳の方が是々非々ですばらしい方です。膵臓がんで、抗がん剤治療を受けながら職務を全うしておられます」。オキシコドン中止後も痛みは落ち着いていました。

第二期

オキシコドンが中止となって半年ほど経った一〇月頃から痛みが再び出現してきました。一か月に一度のペースで抗がん剤治療を受けておられましたが、この頃からその効果が薄れてきたのです。ただ、ずっと痛いわけではなく、次の治療の数日前から痛みがでてきて、治療をするとまた痛みが薄れる、ということが繰り返されるようになりました。

一〇月六日。「正直に言いますと、今回はあまり体調はよくないです。前回治療をしてしばらくはよかったんですけど、この二、三週間ほど前から、排尿をすると痛みが出るようになりまして。あと、腰も少し痛みがあるときがあって。がんを治すだけではダメで、その後働こうと思っていますからね。恩返しをしないと今までさんざん好きなことをしてきましたから、このまま終わるのでは申し訳なくて。そんなことで九〇までは生きるつもりでがんばっていますのでよろしくお願いします」。

一〇月八日。「今日は少しお話を。朝、病院の中を散歩していますが、若い先生たちがマスクしないで階段を上がってきたりするのを見ると、前はすごく腹が立っていましたが、今はそういう気持ちにはならないですけど、でもちゃんとしてほしいなと。やっぱり、頭よりは志をちゃんともってほしいと思います。ノブレス・オブリージュって知っていますか？　イギリスでは貴族はただ位が上というのではなくて、上流階級には上流階級の責任と義務があって、それをノブレス・オブリージュというのだそうです。医療者も患者から見れば上に立つ人ですから、それなりに責任と義務を果たしてほしいですし、志をもって医療に当たってほしいです」。以前と違って、マスクをしない医師に怒りを向けるのではなく、責任と義務を果たしてほしい、と冷静に状況をとらえて的確に思いを表現されました。それが「ノブレス・オブリージュ」という言葉に凝縮して表現されたようにも感じました。

最初は痛み止めはまだいいと言われていましたが、痛みが徐々に強くなってきているようで、一二月から再びオキシコドンを再開しました。オキシコドンは一日一〇ミリグラムから始めたのですが、痛みが治まらないため徐々に増やしていきました。

X＋一年一月一四日。オキシコドンは四〇ミリグラムまで増量しています。「痛みの方は少しいいように思います。それにしても、日本の政治家はだめですね。国民がいいから持っているようなもの。私も若いときにカナダに一〇年ほどいて、異文化に触れたのでそのおかげで今こうしていられます。子どもたちも英語が話せるようになって、今は感謝してくれています。若い先生たちも志を持ってやってください。天皇陛下の主治医をしたという先生にも一度お会いしたことがありますが、あの先生はダメですね。患者さんには家族のように接しますと口では言っておられましたが、ロレックスの時計をはめて、他のスタッフに対する態度とかも全然ダメだったし、自分から、「天皇の主治医でした」と言われたり。患者さんに対して、ちゃんと人として対応されているのか、すぐにわかりますね」。この辺りに前嶋さんの価値観がよく現れていると思いました。

二月一二日。最初の抗がん剤は効果がなくなっていて、この日から別の抗がん剤に変更になりました。「正直申し上げて調子はよくないです。痛み止めを使いながらやりくりしてます」。オキシコドンは一日六〇ミリグラムまで増やしました。

二月一五日。「薬を増やしてもらってから、少しいいようです。会陰部のあたりがときどき痛む感じがありますね。まだ座ると痛くなるので腰を浮かせたくなるか、横になってしまいます。今は世の中のことの方が心配です。オリンピックやらワクチンやら」。

二月二六日。「清掃の方で独りすばらしい人がいらっしゃいますね。掃除も丁寧で早いし、気が合うのでいろいろ話しました。どこかの首相とは大違いです」。職業で判断するのではなく、人そのものを見ておられるところに共感を覚えました。

三月二日。「今日は一ついいことがありました。朝、五階の廊下を散歩していたら、若い女医さんが挨拶してくれまして。今までそんなことなかったので。マスクをしていない若い先生には腹も立っていましたが、こうしてちゃんと挨拶できる先生もいるとわかると嬉しくなりましてね」。

三月二五日。「こんなに元気でいいのかしらと思うほどです。痛くないことはないですが薬を飲むほどではないです。柔道の古賀が亡くなりましたね。それで思い出しましたが、佐賀に古賀武夫という凄い人がいます。NGO作って、ソルボンヌやカナダにも少しおられて。ベトナムとかに公民館のような所を作って学校にしたりとか。一度ネットで検索してみてください。すみません、いつもこんな話ばかりで」。

三月は比較的調子がよくなってきておられましたが四月に入り再び痛みが強くなってきたようでした。四月一三日には「調子はあまりよくないです。四、五日前から痛みが出るようになりました」と言われていました。痛みのコントロールは、持続性のオキシコドン製剤と、即効性のオキシコドン製剤を組み合わせて行います。即効性の製剤は一時間あければ繰り返し使ってよいとされており、前嶋さんにもそのように伝えていました。痛みには波がありますから、持続性のお薬で持続的な痛みをおおむね抑え、痛みが強くなったときには即効性のお薬を使ってカバーするというやり方をするのです。

前嶋さんは、それまで即効性のお薬は多くても一日四回程度だったのが、四月に入ると一日の使用回数が、一〇回を超えるようになってきました。一日六〇ミリグラムのオキシコドンに加えて、即効性のオキシコドン錠五ミリグラムを頓用で使えるようにしていたのですが、頓用の回数がかなり増えてきたのです。通常、このようなときには持続性の製剤を増やして底上げをするのですが、私は少し慎重にしたほうがいいと考え、即効性のお薬を一回五ミリグラムから一〇ミリグラムに増やしてみました。そうしたところ、薬を増やしたからと言って、頓服の回数が減るわけではなく、痛みは逆に強くなった感じがします、と言われました。普通は医療用麻薬を増やせば痛みは和らぐことが多いのですが、このときの反応は逆でした。痛みが単純ではないことがこの一事をもってしてもよくわかると思います。

オキシコドンを別のオピオイド製剤に変えてみたりもしましたが、今度も痛みはかえって強くなったので前の方がいいと言われ、戻すことにしました。このあたりから私は、たんにオピオイドを調整するだけではダメだと思い始めました。

四月一七日。「やっぱり痛いです。そんな強いわけではないですが」と言われたので、「ちょっと違うお薬を足してみましょうか」と提案しましたが「そんな強い痛みではないです」とやんわりと断られました。即効性の製剤はやはり一〇回以上使われていて、とくに夜に集中しており、深夜帯は一時間おきに飲まれていましたので、このままにしておけないと思い、「夜がもう少し眠れるといいと思いますので調整してみましょう」と言って、半ば強引に同意をとりつけました。

ミアンセリンという四環系抗うつ薬に分類されるお薬（抗うつ作用はほとんどないが、焦燥感を和らげ、眠気を催すとされている薬です）の一〇ミリ錠を半錠だけ追加したところ、その夜は爆睡され、翌日も夕方までウトウトされていました。即効性のオキシコドンは、前日の一五回が、この日は三回のみで収まりました。翌日、眠気が強いためミアンセリンは中止しましたが、この日以降、即効性のオキシコドン製剤は使わなくても過ごせるようになりました。四月二三日には「今日は元気です。昨日、ロビーでテレビを見ている人と話が合いまして、政治談義に花が咲いて、一時間以上話しました」といつもの活気が戻っていました。

第三期

ミアンセリン中止後も即効性のオピオイド製剤はほとんど使わずに過ごせるようになりましたが、全体として見ると、四月以降、抗がん剤の始まる三、四日前から会陰部の痛みが出てきて、抗がん剤が投与されると痛みは治まるということが繰り返されていました。CTでは病巣も広がっているようで、抗がん剤の効果が薄れてきていることが懸念される状況でした。それでも、たとえば六月一七日には「痛みはあまりかわりません。今朝も七千歩歩いてきました。まだ歩けますよ」、と元気そうにしておられました。

七月に入ると、今までとは違う部位に痛みが出てきて、整形外科で腰椎の圧迫骨折と診断されたとのことでした。骨には転移が見られなかったので、がんと直接関係する痛みではなかったのですが、痛みの訴えが増してきました。

そんなとき、七月一九日でしたが、いつもの朝の回診のときに、「後でお時間とっていただけますでしょうか」と言われたので、あらためて午後訪室しましたら、次のように語られました。

「すみません、来ていただいて。土曜日は、本当に辛くて、窓から飛び降りようかと思ったくらいです。何度もおしっこに行って、痛みもあって。それで胸も少し苦しくなるような感じがして。病気は治せると思っていますが、いよいよ危ないかという思いも出てきて。頭がどうもパニックというかそんな感じでした。昨日は、それでも少し落ち着きまして、明日は岸本先生にも会えるしと思って、何度もトイレに行かなくてもいいと思ったら、気持ちも楽になりました」。それまでは、トイレの回数が多くても大丈夫と繰り返し言われていましたが、このときは辛いと言われました。前嶋さんと相談して、ミアンセリンと同様の効果が期待できて眠気が少ないトラゾドンという薬を追加したところ、翌日はよく眠れたと少しスッキリした表情になられました。

七月二六日。「先生、すみません。今回は苦しかったです。自分ではうつだと思います。父親がとんでもない人で、二五年間苦しめられました。一億の借金があるのに車を買ったり、女性関係も派手で、母親も何度殴られたか。それで自分がしっかりしないとと思って。父親が倒れてからは毎日見舞いに行きましたし、母も認知症になって。でも見てくれる人は見てくれていて、会社では、ちゃんと声をかけてくれる人がいて。前に一度うつになったことがあって、心療内科を紹介してもらって三か月入院しました。それで大丈夫だと思っていたのですが、また出てきたんですね。話を聞いてもらって有り難うございます」と、詳しくは書けませんが、小さい頃から苦労してこられた胸の内を話されました。

翌日も時間をとってほしいとのことで伺いました。「本当にひどい父親でした。刺して自分も死のうと思った程です。親戚がみんな私に何とかしろと言ってくるんです。それでも死ななくてよかったと思っています。父親が病気してからは、毎日見に行きましたし、付き添って病院にも連れて行きましたし、いいことはしたと思っています。家内はみんなそのことを知っていて」。

これ以降、精神的には再び落ち着きを取り戻していかれました。ただ、病勢の方は抗がん剤の効果が薄れてきており、このような状態になってくると、通常、病気の進行を抑えられなくなり、病状が厳しくなることを視野に入れねばならなくなります。ところが、前嶋さんはがん遺伝子パネル検査を受けられたところ、ある抗がん剤が有効であることが判明しました。通常、がん遺伝子パネル検査で有効な薬が見つかる確率は、研究段階の薬を含めても一〇パーセント程度と言われています。前嶋さんはすでに発売されていた薬の中に有効な薬が見つかった稀なケースでした。八月からこの薬の服用が始まりました（飲み薬の抗がん剤でした）。この薬が奏功して、再び病状も安定しました。

X＋二年一月二八日。「落ち着いています。痛みもないです。五千歩歩いています。こういう平坦なところなら一万歩歩けそうな感じです。家でスクワットもやっています。ゆっくりですが、五〇回を一セット。腕立て伏せも三〇回やっています」。

二月二五日。「今日は前回ほどは調子はよくないですね。悪いわけではないですが。八割くらいですね。四千歩歩いていますし、スクワットも五〇回を一セットはやっています。女房には少し休めと言われています。私の病気は珍しいらしくて、それで遺伝子の検査をして薬も見つかって、本当にありがたいことですが、泌尿器の先生から、論文にしてもいいですかと言っていただいて、ぜひお願いします、名前も出してもらっていいですよと答えました（笑）」。

三月二五日。「検査結果も、変わりがないということでよかったです。最近、他の患者さんとかで、ロシアのニュースを聞いて落ち込んでおられる方はいらっしゃいませんか。あれで滅入ってしまって、ニュースを見過ぎるのはよくないと言われたので今は人の四分の一くらいしか見てないと思います。人間のすることではないですよね。でも昨日はサッカーで勝ってワールドカップも決まったので、あれは嬉しかったです。ああいうことで日本人もたくさん元気をもらえますね。私も最たる一人ですが。今日からプロ野球が始まりますし、メジャーリーグも楽しみです」。こんな様子で過ごしておられました。

第四期

X＋二年六月二四日。「今日は腫瘍マーカーの数値が少し上がっていました。大丈夫ですかね。最近は少しだけ調子がいい感じがします。歩くのはちょっと減って二、三千歩ですかね。食べるのも少し減ってる気がします。この前、池上さんが安藤忠雄さんにインタビューしている記事があって、安藤さんは胆嚢がんとか胃がんとか膵臓がんもされて一〇時間の手術もされたそうですが、今は一万歩歩いて、食べて、世界を飛び回っておられるというのを読んで、とても叶わないなと思いましたが。歩くのは大事ですね。それにしても今の政治はダメですね。学者を尊重しないですし」。

腫瘍マーカーの数値が徐々に上がり始め、再び抗がん剤が効かなくなってきました。そして九月には腫瘍が尿管を閉塞して水腎症という状態になり、腎臓に管を入れる処置をするため入院されました。

九月一六日。「今度、腎臓に管を入れることになりました。来週入院します。本当は孫娘が大きくなって話ができるくらいまで、あと二、三年頑張りたかったのですが。あと半年くらいと言われました。病気が勢いが出ると早いみたいで。こういうことになるんじゃないかという考えはありました。トイレも何度も行きたくなって夜も眠れなくてしんどくなってきていたので」。淡々と話され、外見上は動揺された様子は見受けられませんでしたが、活気はなく、辛さが滲み出ていました。

九月二二日。「今日も治療について聞いてみたのですが、もうできることはないと言うことで、今の治療を続けていくしかないということでした。（泌尿器の）先生は半年と言ってくださっていますが、自分の感じでは三、四か月くらいかもしれない、年を越せるかどうか、とか考えてしまいます。娘はそんなこと言わずに八〇まで生きてもらわないと、と言ってくれるのですが、家族も覚悟してもらわないといけないなと思っています」。

九月二五日。「調子はまあまあです。夜も眠れるようになりました。いろいろとこれからのことを考えてしまいます。一番気になるのはどのくらいのスピードで病気が進むかですね。母もまだ施設に入っていますが元気なので、母が最期を迎えるときはどうするかも決めておいてほしいと家内からも言われていますし、自分の葬式もどうするかとか、いろいろと考えてしまいます。訪問診療なら母もお世話になっているA先生の所ですね。B先生（ホリスティックメディスンで有名な先生）のところで入院させてもらえるならと思っていますが。

一〇月三日。「体調はいいですよ。ただ、精神的にはよくないですね。歩くことで気を紛らわしている感じです。B先生の所には一度行って話を聞いてみたいと思っています」。

こうして退院されましたが三日後の一〇月六日に尿閉で痛みが強くなり入院されました。膀胱内に腫瘍が浸潤し、そこからの出血でできた凝血塊が尿の通り道を塞いで尿が出なくなってしまったために膀胱と腎臓が腫れてしまったのでした。すぐに処置をされましたが、「（気持ちが）辛いです。もう死にたいくらいです。B先生の病院に行けるとしたら今動けるうちかと思うので、相談しようと思います。家内は反対するかもしれませんが」と話しておられました。その後、B先生にも相談されましたが、B先生の病院には泌尿器科は常勤医がいないため入院はできないとのことで、続けて当院に通院されることになりました。B先生に毎週、「気」を送ってもらうのを励みとされていました。

一二月九日、発熱で入院されましたが、血液検査データも悪く、数日内に急変の可能性も高いとご家族に説明がありました。しかし、再び小康状態を経て病状が安定したため、X＋三年の一月一〇日に退院され、住宅型の療養施設でA先生の訪問診療を受けながら過ごされることになりました。

二月三日には当院の受診日ということで私も外来でお会いしました。「調子はあまりよくないです。けっこう物忘れがひどいです。退院したその日に、尿の管に穴が開いているとわかって大変でした。先生方にご迷惑をおかけしました。でも最近ようやく少し気持ちも落ち着いてきた感じです。唯一お風呂が楽しみです」と話しておられました。お亡くなりになられたとA先生からご連絡をいただいたのはその一週間後のことでした。

トータルなものとしての痛み

以上の経過を抗がん治療という観点からまとめますと、抗がん剤治療が有効であった第一期（約九か月間）、抗がん剤治療の効果が不十分で痛みが増した第二期（約七か月間）、がん遺伝子パネル検査でみつかった有効な薬が奏功していた第三期（約一年二か月間）、有効な薬がなくなり病状が進行した第四期（約七か月間）となります。

痛みの方は、第一期では医療用麻薬のオキシコドンを導入してすぐに痛みが和らぎましたが、抗がん剤治療の効果もあって、オキシコドンを中止しても痛みは落ち着いていました。身体的な痛みはこの時期、落ち着いていたと言えます。一方で、部活のときに受けた暴行、優れた危機管理アドバイザーや医師不足の日本の役に立ちたいと医師になった外国人、コロナ感染の恐怖とマスクをしない医師への憤りなどが語られていましたが、振り返ってみると、これらも痛みとその対処について話しておられると受け止めることも可能で、痛みの語りは続いていたのかもしれません。オピオイド（医療用麻薬）を導入して痛みが治ったら緩和ケアチームの役割は終わりとして介入を終了することもよくあるようですが、私は患者さんから終了にしたいという申し出がない限り、話を聞き続けることにしています。もし終了にしたらこういう側面は見えてこないかと思います。

第二期は、抗がん剤の効果が薄れ、痛みの身体的要因が強まる中、オピオイドを増やすとかえって痛みが強くなるというパラドキシカルな反応が見られました。それで、痛みだけの問題ではないということに気づかされ、夜に何度もトイレに行くなどの行為の背後に焦燥感も隠れているのではないかと思って、ミアンセリンというお薬を追加したところ、翌日の夕方まで爆睡されました。これは一つの展開点だったかもしれません。それ以後、痛み止めを一時間おきに強迫的に使うということもみられなくなりました。一方で、私の処方行動を見ると、オピオイドがダメなら抗うつ薬でという形で、薬で症状を調節しようというスタンスは続いているとも言えます。一見痛みに対処しているようにも見えますが、痛みの本体には触れないままきたといえるのかもしれません。

これとは対照的に、第三期では、話を聞いてもらいたいと前嶋さん自ら言われ、その辛い生い立ちを詳細に語られました。前嶋さんがこのような辛い経験をされていたとは思いもよらず、私の心もいたみました。それと時を同じくして、非常に稀なことですが、がん遺伝子パネル検査で効果が期待できる薬が見つかり、実際に効果が上がって、病状も再び落ち着きました。痛みは落ち着いていましたが、徐々に体力は落ちてきているようでした。一万歩は平気で歩いておられたのが、徐々に歩数が減っていくのを聞きながら、ご自分でも消耗が進んでいることを感じておられるのではないかという印象を受けていました。

第四期になると、いよいよ、効果が期待できる薬がなくなり、最期を迎える覚悟をしなければならなくなります。最後まで諦めたくないという思いを強く持っておられましたが、同時に、お迎えが来るのを避けられないということもよくわかっておられ、様々な制約の中でできることをしていくという形で一瞬一瞬を生きておられたと感じます。

経過を振り返っても、スピリチュアルケアと呼べるようなことができたのかは私にはわかりません。ソンダースほどの力はないので、医療用麻薬も抗うつ薬も使います。しかし、一方で、前嶋さんにはノブレス・オブリージュという言葉に集約されるようなスピリットの大切さを教えていただいたとは思います。医師は哲学を持たねばならないというのは前嶋さんの口癖でした。どのような哲学かと言えば、（前嶋さんにとっての）「天皇の主治医」イメージに代表されるような精神ではなく、前嶋さんが素晴らしいと感じて紹介してくださった様々な人々の生き方に現れているような精神で、それはあったのではないか、と私は思っています。

注

1　ちなみに、一九七九年の定義では「実際の、もしくは潜在する組織損傷に関連づけられる、あるいはそのような損傷の観点から記述される不快な感覚的情動的体験」とされていました。大きな違いは「〜の観点から記述される described in terms of…」という部分を、「類似する resembled」という言葉を用いた表現に変えたところです。言葉で表現されるものに限定しないという立場に切り替えたといえます。

2　もっとも、これはスピリチュアルケア師を紹介する一般向けのリーフレットに書かれていることですから、これをもとに論じるべきではないかもしれません。

文献

Eisenberger, N. I., Lieberman, M. D., & Williams, K. D. Does rejection hurt? An fMRI study of social exclusion. *Science*, **302** (5643), 290–292. 2003.

君塚直隆『貴族とは何か——ノブレス・オブリージュの光と影』新潮選書、新潮社、二〇二三年

岸本寛史『迷走する緩和ケア』誠信書房、二〇一八年

岸本寛史『せん妄の緩和ケア』誠信書房、二〇二一年

小森康永　筆者との私信、二〇一六年

小森康永「トータルペイン再訪」C・ソンダース著、小森康永編訳『シシリー・ソンダース初期論文集：1958–1966——トータルペイン　緩和ケアの源流を求めて』北大路書房、一七三–一七四頁、二〇一七年a

小森康永「解説　最初のがんサバイバー、モラン教授のこと」（F・モラン著、改田明子訳『がんサバイバー——ある若手医師のがん闘病記』ちとせプレス、二〇一–二一六頁、二〇一七年b）

Panksepp, J. *Affective Neuroscience: The Foundations of Human and Animal Emotions*. Oxford University Press. 1998.

Raja, S.N. et al. The revised international association for the study of pain definition of pain: Concepts, challenges, and compromises. *Pain*, **161**, 1976-1982. 2020.

Saunders, C. The symptom treatment of incurable malignant disease. *Prescribers' Journal*, 4(4), October, 68-73. 1964.（小森康永編訳『シシリー・ソンダース初期論文集：1958－1966――トータルペイン　緩和ケアの源流を求めて』北大路書房、二〇一七年）

Saunders, C. The philosophy of terminal care. In C. Saunders (Ed.), *The Management of Terminal Disease*. 1st ed. London Edward Arnold. pp.193-202. 1978.

Saunders, C. Spiritual pain. *Journal of Palliative Care*, 4(3), 29-32. 1988.

Schedlowski, M., Enck, P., Rief, W., & Bingel, U. Neuro-bio-behavioral mechanisms of placebo and nocebo responses: Implications for clinical trials and clinical practice. *Pharmacol Rev*, 67, 697–730. 2015.

谷口高士『音楽心理学への招待』北大路書房、九一－九二頁、二〇〇〇年

臨床実践の現場でスピリチュアリティや宗教をどう扱うか

葛西賢太

二〇二〇年から、社会福祉士の倫理綱領に「すべての人々を生物的、心理的、社会的、文化的、スピリチュアルな側面からなる全人的な存在として認識する」（傍点引用者）という一文が入っています。人を全人的な存在として捉えるという方向性はもちろん重要ですが、スピリチュアルな側面、宗教的な事柄というのは、重荷になるかも知れませんね。エドワード・カンダら（二〇一四）は、終末期の患者が宗教的な話題を持ち出したのを怖れて逃げ出したソーシャルワーカー（患者はそのフォローをされずに臨終を迎えた）の事例を採り上げています。ああ、あなたが逃げちゃダメじゃん、といいたくなります。

臨床心理の現場でも、スピリチュアリティ、宗教にかかわる話題は緊張をもたらしますから、避けられがちな事柄でしょう。クライエントが絶賛しているもの、心から大切にしているもの、ときに批判を許さないものについて、中途半端に理解したふりをして怒りを買うこともあるでしょうし、うっかり支持を表明したら勧誘されることもあります。宗教集団における搾取や虐待、信仰の強要によるクライエントの傷に触れることもあるでしょう。そんな事情があったのか、開いた蓋をどう閉じようか、と。

いっぽうで、心理職の側も人間であるので、この話題にはゆすぶられますね。心理職自身が（表明しないけれども）信仰をもっていると、他宗教に批判的であることも、信仰者に強い共感を覚えることもあります。家族がもつ信仰に、よい思い出あるいは嫌な記憶を心に焼きつけられた、ということがあったり、熱心な勧誘をされて不快な経験をされたりしたかもしれませんね。直接のかかわりがなくても、宗教について書物で学んだりメディア報道に触れたりして、抱いているイメージがあるでしょう。それは当然のことながら、臨床の場に現れてきます。患者の信念に対する共感を示そうと力が入ってしまったり、逆に、患者に対して強い嫌悪感を抱いて、それが顔に出ぬように苦労したり。これって、スーパーヴィジョンや教育分析をお願いして、「徹底操作（working through）」しておく必要があるかも知れませんね。

日本は、フランスなどと同様、公の場で特定の宗教を支持しないことを重視する社会です。多くの日本人が、自分は無宗教だと認識し表明しています。けれどもそのような人が、同時に、死者の霊魂は存在するのではないかと感じていたり、宗教者は死を怖れないのではないかと想像していたりします。公には語らないけれども、親しい友人同士では話題にしたりすることもあるでしょう。神仏はどこにもいないと確信しそのように強く主張できるほど徹底した無神論者というのは、じつはそう多くないのです。

世界の状況を見ると、無宗教が大半という社会は、じつは少数派です。米国は「かなり宗教的」な国です。欧州ではキリスト教会の礼拝に出席する人の数は減っているといえる状況が続いています。代わりに他の宗教（イスラームや仏教など）に改宗したり、あるいはなんらかの「スピリチュアルな実践」をしたりする人が増えています。いや、じつは日本も、多くの宗教、多くの神仏が、相互不干渉で共存している地域といえます。「日本人」は無宗教と思っている間に、韓国からの熱いキリスト教（いわゆる「統一教会」ではありませんよ）や東南アジアの仏教（マインドフルネスは米国経由の仏教瞑想ですね）、インドからのヒンドゥー教（ポーズを重視したハタヨーガを通じて瞑想を経験するかも）、パキスタンやスリランカやインドネシアなどからのイスラーム（日本人と結婚して二世三世も生まれています）など、ますます日本の宗教は「八百万（やおよろず）の神」状態が進んでいます。

ですから、心理職が宗教の話題を避けることはもはやできない、そう考える必要があるのではないでしょうか。そして、自身が宗教についてどんな価値観を持っているか、宗教の話題にどんな反応をしてしまうかを、掘り下げておくことが有意義なのではないかと思います。

他者から宗教の話を聞かされるとき、私たちがとりがちないくつかの「逃げ」のパターンがありそうです。ひとつは、「傷つけない」ために表面的に肯定しますが、「さらっと受け流して」きちんと聴かないパターン。クライエントはそれに気がついて、「この人にはわかってもらえない」と話題を変えるかもしれません。全面的に否定し論駁するパターンも選択できます。「そういう信念は科学的合理的ではないので手ばなした方がよい」「私は無神論者だから」「ここは宗教の話をする場ではない」と、宗教の話題を出したクライエントをたしなめる。貴重な面接の場を適切な状態にすることに、心理職は責任があります。けれどもいっぽうで、クライエントの心理的現実に宗教的な課題もあるのなら、そのことをなんらかの形で取り扱う大切なチャンスを逃してしまっているかも知れません。

この世界には、理解困難な（ときに反社会的な）宗教もあります。自宗教（あるいは自分）が最高といってはばからない、井の中の蛙のようなクライエントにお会いすることもあるでしょう。大切な面接の時間をとられてしまうのは残念。でも、「それがクライエントのあなたにとってどういう意味を持っているのか」は、探究してみる価値があるかも。クライエントの意味世界を知るために、自身の立ち位置はほぼ保ちながら、しかし足の置き方や立ち方を少し変えてみて、クライエントにあわせてゆれてみる。批判や吟味のまなざしも保ちつつ。それは心理職にとっての新しい自己理解につながる気もします。

文献

エドワード・カンダ／レオラ・ファーマン著、木原活信・中川吉晴・藤井美和監訳『ソーシャルワークにおけるスピリチュアリティとは何か』ミネルヴァ書房、二〇一四年

「わからない」を温める

西平　直

WHOの健康定義をめぐって、フィジカル、メンタル、ソーシャル、スピリチュアルの四区分が話題になったことがあります。では「メンタル」と「スピリチュアル」はどう違うのか。私は次のように説明することにしました。社会復帰を目指すかどうか、その点が違う。「メンタルなケア」が社会復帰を目指すのに対して、「スピリチュアルなケア」はそれを目指さない。

毎回、反論が来ます。とくに心理臨床の方が反論してくださいます。心理臨床も社会復帰を目指すだけではない。答えのない問いに付き合い続けることがある。私は嬉しくなって同意します。じつはその点を共有してもらうために、わざわざ回り道をしたのです。心理臨床の目標を社会復帰（現実社会への適応）に限定してはもったいない。むしろ「答えのない問い」に付き合うことが重要である。その点はスピリチュアルケアと共通であると思うのです。

そうすると、メンタルとスピリチュアルの違いは説明できなくなってしまうのですが、私は、両者の区別よりその共通点の方が大切であると思います。しょせん「答えのない・わからない」位相ですから、そうした小さな違いなど、表面的なものに過ぎないと思っているのです。

さて今度はスマホの話です。私はまったく苦手なので、わからないことばかりですが、この場合の「わからない」には正解があります。得意な人から見れば簡単なこと、即座に操作してくれます。おかげで私も何とか利用しています。《モノをコントロールする方法》には正解があるのです。

現代社会にはそうした技術が溢れています。そして《モノを自分に都合よくコントロールする》技術を学ぶことが「勉強」であると教えられます。あるいは、そうした勉強のみが「役に立つ勉強」であると、私たちは、知らないうちに、刷り込まれてしまうのです。

そのためなのか、「ケア」を学ぶ場合も、そうした技術が欲しいとお考えの方がお越しになります。「ケアはテクニックではない」と頭ではわかっていても、学んでゆくと《テクニック》が欲しくなる。あるいは、《テクニック》がないと手応えが感じられない。何も学んでいないような不安に襲われるのかもしれません。

しかし「ケア」は人を相手にします。操作するのではありません。相手を操作しようと思っているうちは、ケアになりません。自分に都合よく相手をコントロールするのは、指導であり管理であっても、ケアではありません。

ケアは相手に寄り添います。相手が何を望んでいるか、その思いを聴こうとします。ところが、話を聴いていると、ますますわからなくなります。この人は本当のところ何を考えているのか。聞けば聞くほどわからなくなります。皆さんがそれぞれに「人生の核心的な問い」に触れておられるのです。安易に答えることなどできません。「わからない」の深みに沈んでゆきます。何もしてあげることができません。役に立っているのかどうか不安になってしまいます。

どうやら、ケアという営みの根っこには、こうした難しさが潜んでいるようです。「わからない」に持ち堪《こた》えることができるかどうか。《モノを自分のために利用する技術》とは質が違うのです。そうした「わからなさ」と付き合い続ける営みは、自分を中心に考えることから離れる「行」に近いのかもしれません。自分の常識を手放し、自分の価値観から離れ、相手に寄り添おうとする。相手の方に、寄り添ってよいかどうか、許可をいただくことから開始される「行」なのです。

こうして私は何度も「わからない」が大切であると繰り返してきました。ところが、どうやら、それは問題の半面に過ぎなかったようです。「わからない」は大切なのですが、そのように「わからない」を大切にしている方々が、実際のケアの現場では自信をなくし、疲れておられることが多いのです。あるいは、そうした方々の仕事がなかなか正当に評価されていないのです。

むろん、実際的な問題としては、制度的な困難があり、上司の理解に左右されることが多いのですが、せめて、どう考えたらよいか。私は二段構えに考えたいと思います。まず理想を考えます。たとえば、医療現場の制度の改革が必要です。意識改革も必要になります。より根本的《ラディカル》に言えば、現代社会の仕組みが変わらないと、「わからない」を大切にしてもらうことはできません。《モノを自分に都合よく操作するテクニック》が重視される社会では、「わからない」は正当に評価されないと思います。

しかし第二段階として、理想から見たら些細なことであっても、今この場で、できることをする。日々の暮らしの中で小さな「わからない」を大切にする。《モノを自分に都合よく操作するテクニック》の中では忘れられてしまう繊細な出来事に、その都度耳を傾けたいと思うのです。

じつはこの最後の点について、最近のＡＩの議論が興味深いと思います。ＡＩは人間が《モノを自分に都合よく操作するテクニック》の最先端ですが、その先頭を行く研究者たちが、「ＡＩにはできないこと」があるというのです。むろん、それを克服してゆこうとするのですが、中には、けっしてＡＩには到達できないことがあると言う研究者がいます。原理的にＡＩには不可能であるというのです。そのひとつが、「わからないを温め続ける」ことなのかもしれません。そして、もうひとつ、《モノを自分に都合よく操作するテクニック》とは異なる、「他者《altérité》に寄り添う」ことなのだろうと思います。

そう思ってみれば、ケアの学びは、時代の最先端とクロスしています。「わからない」を大切にすること。「わからない」に持ち堪えること。それがケアする人の土台を鍛えることになると思うのです。

第5章

心の声に耳を澄ます

——精神科医からみたスピリチュアルケア

和田　信

私は統合失調症やうつ病など様々な精神障害の診察にあたる精神科臨床医として出発し、その後最近二十年近くは、がんを抱える人の心の問題の診療に従事してきました。本章ではその立場から、スピリチュアルケアの視点を心理臨床にどのように活かせるか、私なりに考えることをお伝えさせていただきます。考えを導かれた背景を知っていただくために、私自身の経緯にも触れることをお許しください。

人の内面に関心の強かった私は医学生の頃、精神病理学と並んで臨床心理学にも関心を抱いていました。自然にこうした分野の本を手に取るようになり、心の向くままに学びましたが、そのうちに大学の臨床心理学教室に出入りする機会をいただいて、大学院生に交じってケースカンファレンスにも出席させていただきました。そこでは毎回厳しい討論が交わされていて、人に向き合う真摯で厳粛な姿を目の当たりにしました。振り返ってみれば、医師としての修練が始まる前のごく若い時期に心理臨床の洗礼を受けたことで、精神科医としての構えに深いところで影響を受けたと思います（和田、二〇二二）[1]。

精神症状の背後を見つめる

精神医学が対象とする精神疾患、つまり統合失調症などの精神病やうつ病などの気分障害等では、幻覚、妄想、思考障害、抑うつ感、気力低下など、様々な精神症状が出現します。精神科医の仕事はこれらの精神症状を評価し、病態を把握することから始まります。精神症状は、一般的な医学的検査のようにそのまま客観的な数値や画像として表すことはできません。精神症状をきちんと把握し、形なきものの形が見えるようになるには、通常二年から三年程度の専門的修練が必要です。精神障害の分類の代表的なものにアメリカ精神医学会のDSM精神疾患の診断・統計マニュアル（現在第五版改訂版）や、世界保健機構（WHO）のICD国際疾病分類（現在第一一版）があります。これらは主に症状のまとまりにもとづく分類で、これをきちんと使いこなすだけでも相当な勉強と訓練が必要ですが、病態を理解し解明するにはこのような分類だけではおさまらず、生物学的にも精神病理学的にもさらなる課題が待っています。[2]

精神症状の背後にある病態を理解するのに、人としての生き方やいわゆる人間的事態との関連を重視する、人間学的ないし現象学的精神病理学と呼ばれる分野があります。精神医学における私の師、木村敏先生（一九三一―二〇二一年）はこの領域の専門家で、「あいだ」という概念を鍵として、独自の現象学的精神病理学を展開した人でした（木村、二〇〇一、二〇一〇）。医師となって入門の挨拶に伺って最初に木村先生から言われたのは、「患者をよくみなさい」ということでした（和田、二〇二二）。一般的にはいかにも書斎にこもる理論派の学者であるかのような印象を持たれがちな木村先生の言葉として当初はいくらか意外にも感じましたが、医師として経験を積み、文献や書物からも学びを重ねてゆくほど、その意味を重く感じるようになりました。駆け出しの精神科医であった私は、診断のために表面的な問診をするだけでなく、患者さんと交わり、日々どのように過ごしているか知り、危機的な状況で深くかかわることを通して、患者さんの人としてのあり方を体感するようになりました。そして、その人が周りの人や世界や自分自身とどのような関係に生きているかを感じるようになりました。表に姿を現した症状だけにとらわれていては見えてこない人としてのあり方や生き方が精神病理と深くかかわっていることは、精神科医として経験を重ねるほど痛感するようになります。精神科で患者さんと格闘した日々が、臨床医としての私の基盤をつくってくれたと今も感じています。その経験は、後に大学病院の教員となって若手に教える立場となってからも、臨床と教育と研究の核となりました。患者さんの人としての側面にほとんどかかわらずに得たいわゆる科学的所見だけに基づいて診療や研究をする場合には、人としての生き方や他人や世界や自分自身との交わり方はさして重要ではないかもしれませんが、生身の患者さんと日々接する臨床家は、ここをわかっていないと、実践の要でしくじることになります。薬を用いて治療を進める場合でも、危機介入でかかわる時も、人としての生き様は、臨床家が実践的なかかわり方を判断する際に欠くことのできない重要な項となります。この人にはどのタイミングで何が必要で何が役に立つのか、実践的直観が導きの糸となることがじつに多くあります[3]。

精神病理学は臨床実践と不可分な学問です。臨床実践を通してはじめて精神病理の本質を把握することが可能になります。また、精神病理を理解することによって臨床実践の方向が導かれます。優れた臨床家が実践していることを学として定着させることが、臨床精神病理学の課題であると言ってもいいでしょう[4]。

心理臨床の面接でも同じで、クライエントの人としての生き方や生き様を受けとめ、理解しようとすることが、あらゆる心理臨床の出発点となり、かかわりの基盤となるはずです。そうでなければ、クライエントへのかかわりは表層的なものに終始し、一見症状や問題を改善したように見えても、それだけで終わってしまうでしょう。

がんを抱える人の精神科医として

後に私は、がんを患う人のための精神科医として診療に携わるようになりました。[5] 当時勤めていた大学病院でがんの部門から個人的に要請を受けたことが直接のきっかけとなったのですが、私ががん領域の診療に活動の重心を思い切って移したのは、心理療法的かかわりを重視してきた私自身の姿勢も大きくかかわっていたように思います。学問的には、精神病理学の師であった木村敏先生が狭義の精神医学から一歩踏み出して展開していた生命論に背中を押されたこともありました（和田、二〇二二）。[6]

がんの患者さんは、狭義の精神医学の診療と違って、元々は精神的健康度の高い人が大半です。その人たちが、がんという生命を脅かしうる病気に罹って、強い不安に襲われたり、混乱したり、気力が出なくなったり、生きる希望を失ったりします。中には精神医学的な病態に達してしまう場合もありますが、多くは、がんに罹患するという強いストレス因があって反応性に生じている事態であって、精神的病理性は深くないことがほとんどです。しかし、がんという病に侵され、死ぬかもしれない現実に直面するのは、精神医学的疾患とは違う次元の苦しみであって、けっして軽く見ることはできません。

ある患者さんの状況と気持ちの断片を記します。

健康診断で指摘されて病院で検査を受けると、大腸にがんがあり、肝臓にもがんが転移していることがわかりました。手術でがんを切除してがんを完全に治すことはできず、抗がん剤を使って命を伸ばし、がんと共存することが治療の目標になると医師から説明されました。頭が真っ白になって何も考えられず、自分のことではない、現実でない遠くの世界にいるように感じました。後になると、なぜ自分がそんな病気にならなければいけないのか、という想いも強くなってきました。抗がん剤の治療を受けると、髪の毛が抜けたり、身体が重くなったり、吐き気がして食べにくくなったり、手足がしびれて歩けなくなったり、味がわからなくなったり、血中の白血球が減少して感染しやすくなったり、場合によっては抗がん剤の治療を受けたために、かえって早く命を落としたり、重篤な身体的ダメージを受けて回復しない場合さえあります。そしてこれらの副作用に耐えて懸命に治療に取り組んでも、早かれ遅かれいつか病が進んで死を迎えることになります。「日々どんな気持ちで生きてゆけばいいのでしょうか。今日この一日も。生きてる意味があるんでしょうか。治療なんて受けずに、早く死んでしまった方が楽かな、と思います。……でも家族の前で、そんなことは言えない……」

このような状況で苦しんでいる人に、私たちは何ができるでしょうか。このような場面ではほとんどの場合、精神医学的評価や治療よりも、死の不安と苦しみがありながらどのように生きてゆくかという、人の生き方としての次元が重要な課題になります。

医師であれ、心理臨床家であれ、仕事に専門知識と経験が求められるのは言うまでもありません。病を抱える人に、どんな場面でどのような心の動きが生じやすいか、専門家は自らの経験と知識から、ある程度知っています。そして、その人が何に困っていて何を求めているか把握し、支援の方策を検討します。心理臨床には様々な考え方と流儀がありますが、この基本は同じでしょう。専門家が知識と経験を生かして、専門家でない患者さんに支援を提供する形です[7]。

しかし、患者にかかわっている心理臨床や医学の専門家の多くは、深刻な病気を患った体験がありません。自分自身が死に直面し、人生が根本から揺らぐ経験をしたことのある人は稀です。患者さんはこの状況を自ら体験して知っています。本当に知っているのは患者自身であって、心理臨床や医学の専門家は患者さんから教えてもらう立場にあります（鈴木、二〇二二）。患者から教わって、専門家としての知識と経験が形成されます。個人としても、専門家集団としても、知と経験の源泉は患者ないしクライエントとのかかわりにあって、専門家はつねに患者やクライエントから教えてもらうのです。

一人一人の経験から教わった集積が専門家を育て、今目の前にいるこの人に対する理解と援助の示唆を与えてくれます。ある人は、がんを切除した手術の後に、苦しい抗がん剤治療を受けても五年後に生きている可能性が五割もあるかないかの状況で、どんな気持ちで生きてゆけばいいかわからないと言います。私は、がんとわかって数か月の今が精神的にもっとも苦しくなりやすく、自殺に至る人も多くなる時期であること、多くの人はいわば仕方なく、元の健康な人生に戻ることを諦めてこの状況を生きていくしかないと感じていることを伝えることができます。そして、時間が経つと徐々に生きる姿勢を何とかとりやすくなるだろうと伝えます。不安が無くならなくても、毎日の生活が不安に圧倒されてしまわないように、不安を胸に浮かべておけるようになると気持ちのバランスを保ちやすくなることを示唆します。それでも、がんを抱えて生きるのは不安と希望の混交であり、この状況をどう生きてゆくかは、人それぞれであって、人から言われてどう思えるものでもないとも伝えます。同じような病気を抱えた人たちの集まりで、困難な状況を生きている人から勇気や励ましをもらうことがあること、しかし相性や出会いによっては、望まない気持ちに陥ることがあるとも伝えます。安易な励ましは無益で、かえって本人を傷つけることもあります。悲哀、絶望、不安、否定的な情感をこちらが受けとめ、それが相手に伝わると、いくらかでも理解されたと感じてくれる場合もあります。不条理な現実を受けとめるのに、合理的正解を求めても意味を成しません。不条理さを不条理のままに受けとめることが最初の一歩です。

理不尽な運命に傷つき、打ちひしがれる。絶望に襲われ、暗い淵をともに見つめる。重苦しい、苦々しい、息苦しく胸を押し潰されそうになる。出口の無い状況に光が見えず、逃げ出したくなる。そういう身体感覚をもってこちらも感じるようになります。それが、受け入れがたい現実をどうにか受けとめていく人と歩みをともにする道を踏み出す出発地であると感じます。ともに感じ、ともに揺れる。それでも、その道程を大きな視点で見つめ続けていることが、心理療法の専門家には必要です。[8]

キリスト教チャプレンの教育ではコンパッション（Compassion 共感）について、キリスト教の文脈ではキリストの受難 Passion につながり、まさにはらわたをえぐられるような苦しみを自分自身もともに味わうことだと教わるそうです（中井、二〇二三）[9,10]。

耳を澄まして聴く——受けとめる感性と能動的かかわり

相手を受けとめ、理解し、支えるには、自分自身の考えに捉われず、相手の苦悩と情感、心と身体の苦しみ、苦しい状況を生きる難しさを、受けとめる感性が必要です。どう感じ、何を求め、いかに生きているかは一人一人違います。自分自身の考え方や思い込みに左右されず、相手の心に開いて受けとめることが重要です。これは当然のように聞こえても、実際に行うのは簡単なことではありません。受動的感性が能動的行為と一体となって成立し機能していることが、相手と互いに関与し合うこと、いわゆる「間主観性」の核心を成していると私は考えています（Weizsäcker, 1940, 1950/1975）（和田、二〇二〇）[11]。

以前私は、音楽の演奏において「聴く」ことがいかに大切かについて論じたことがあります（和田、二〇二〇、古部・和田、二〇一八）。音楽の演奏をするには、歌ったり楽器を弾いたり運動する行為だけが大切なのではなく、音を出しながら「聴く」ことが重要であり、演奏行為の本質に「聴く」ことが含まれています。聴きながら演奏するというのは、当たり前のように思われますが実はそう簡単なことではありません。演奏しながら耳と心を開いて聴くことができるようになるには、相当な修練を要します。そのことについてオーボエ奏者の古部賢一氏は、優れた演奏家は互いに聴きあっていて、舞台の上では静かな雰囲気が流れているが、そこから出てくる音は客席に圧倒的な何かとして届いている、と述べました。さらに音楽演奏だけでなくスポーツを例にとって、体を動かすだけでなく、周りの状況がどれだけ見えているかが重要だと説明しました（古部・和田、二〇一八）。同様のことを、体操の元オリンピック選手で、日本代表の監督であった時期に五大会連続で金メダルを獲得した金子明友氏が探求しています。金子氏は、運動の際には身体を動かすだけでなく、感覚がいかに重要であるか、実践と研究を通して示しました（金子、二〇一五、二〇二二、古部・和田、二〇一八、和田、二〇二〇）。

心理面接においても、人の心の声（と自分自身の心の声）に耳を澄まして聴くことが、とても大切です。人と自分の間、いわば接触面で生じる心の動きと身体の感覚を受けとめることが重要です。心を開いて相手を受けとめるのは、音楽演奏の場合と同様に、当たり前のように見えてじつは簡単なことではありません。言葉、表情、話し方、声、身体の構えと動き、その底に流れている思念と情感を受けとめます。これらをしっかりと受けとって、相手の姿勢に飛び込んで組み合います。実践を通して技を磨く武道のような修行を日々行うことが、臨床家の務めだと思います[12][13]。

スピリチュアルケアと宗教性

先に専門家は患者から教えてもらうと述べました。しかし、死を経験したことのある人は誰一人としていません。差し迫る死を患者と家族は体験し、その生き様と最期の迎え方から臨床家は多くを学びます。しかし、死そのものを自ら経験したことのある人は誰もいません。

生と死について人が体験し感じたことが、様々な文学や伝承や芸術に結晶しています。文化として受け継がれてきた人類の蓄積から、先人の経験と智慧に触れることができます。

宗教は人の生死を正面から捉え、長い歴史を通して磨かれてきました。生と死をどう受けとめ、どう生きるか。宗教には豊かな智慧が凝縮していて、現代に生きる人が汲みとれることも大きいものです。しかし、命を脅かす病に直面して、宗教に近づく人がもっといてもよさそうなのに、多くの人は現実の苦しみと不安が強く、宗教の核心に触れる経験に至る人は稀であるように、医療現場に身を置く立場からは見えます。これは私が医師として医療現場にいるためにこのような局面が目に入りやすいという事情があるのかもしれません。宗教学者でスピリチュアルケアの教育に携わってきた島薗進は、既存の組織的な宗教にとらわれない新しいスピリチュアリティと死生学を求める最近の動きに注目して論じています（島薗、二〇一二）。死を目の前にして恐れている人に向かって、最初から宗教的教義を説いても、その人が受け入れるのは難しいでしょう。宗教的導きを求めて自ら宗教の門を叩く場合には、宗教家が教義を説くことに意味があります。しかし医療現場などで、意識して宗教的導きを求めていない人には、自分自身の気持ちを受けとめられることがまず重要で、そこから出発するしかありません。

宗教的教義を伝える宗教的ケアと違って、宗教的立場から病に苦しむ人を精神的に支援するチャプレンによるスピリチュアルケアでは、「患者自身の観念、理解、解釈を重視し、援助をする者はそれを支えるように努め」ると、キリスト教神学者でチャプレン、スピリチュアルケア研究者の窪寺俊之が簡潔に記しています（窪寺、二〇〇〇）。チャプレンの行うスピリチュアルケアないし精神的支援では、宗教の教義は支援する人を支える支柱として役割を果たしています。宗教者であるチャプレンでなくても、命と心の臨床に携わる人を、宗教や、宗教そのものではなくても宗教的信念に近いような確信が支えていることを、私自身はしばしば目にします。宗教の立場を前面に出さない臨床家としてのかかわりであれ、チャプレンなど宗教者としてのかかわりであれ、命の臨床で精神的支援者を支えているのは、個々の人の生死の営みを包含する大きな視点であることが多いように思います。

東日本大震災後に、宗教者の立場で被災者の傾聴ボランティア活動を続けてきた曹洞宗僧侶の金田諦應氏は、ときに困難な場面もある傾聴活動を続けていくにあたって、ご自身を支えているものは何ですか、との私からの問いに、「震災の後の星空です」と答えました。

「震災の夜は凄い夜でした。ものすごく星が綺麗だった。…（中略）…その雪は三十分くらいでやみました。あたりは真っ暗で、電灯という電灯は全部消えている。車は走っていない。音は聞こえない。おそらく雪で空中を舞う塵が全部落とされた。そして何気なく空を見上げたら、いままでに見たことのない星空が広がっていました。

六十キロ先の湾内や海辺には遺体がたくさん浮いていて、私はここで生きている。そしてそれを全部包み込んでいる宇宙がある。なにか、ストンと落ちてきたものがありました。宇宙の中に溶けこんでいくような感覚、私とあなたの区別がなくなるような感覚。私がいま立っている場所と被災地とがなくなるような感覚に陥ってしまう。しかも星がきれいでしょう。キラキラキラキラ、きれいに輝いている。文明の光が消え、宇宙の輝きが現れました。」（金田、二〇一六）

これは、一人一人の人が生き、亡くなってゆく地球上の命の営みを遠い銀河の向こうから見つめているような慈愛に満ちた視点に支えられているという感覚です。この感覚は、金田氏に深く根づいている仏教的感性によるものと思われ、宗教が生まれてくる原体験に近いようにも感じられます（和田、二〇一七）[14]。

何かを知っているのは誰か――共同作業としてのスピリチュアルケア

死について何かを知っているのは誰でしょうか。

現実に病を体験し死に直面している人。その人と向き合い経験を重ねてゆく臨床家。生と死について積み重ねてきた人類の叡智。それぞれの立場から見える風景があります。誰かが正解を持っている訳ではありません。それぞれの立ち位置から見えることを持ち寄り、歩むべき道を力を合わせて模索する。スピリチュアルケアとは、そのような共同作業の営みではないかと考えるようになりました。

限られた命を営むこの人に、同じく限られた一時的な命を営む私が今このとき出会い、かかわります。その向こうに、一人一人の生と死、命の営みを見つめる大きな視座に想いを致すことは、生命に直接かかわる医療だけではなく、広く心の臨床に携わる人に欠かせないことではないでしょうか。

私自身の命が、今この人の命と触れ合う意味を見失わないように。[15][16]

謝辞

私が感じ考え書くことは、出会った多く人の体験に支えられています。大切な人生を分け与えてくださった方々に深く感謝し、この文章を捧げます。

注

1　医学生であった私たちに臨床心理の世界を案内してくださった山中康裕先生、河合隼雄先生をはじめ、臨床心理学教室の皆様にあらためて感謝申し上げます。

2　精神症状を数値化して評価する評価尺度などの方法もありますが、あくまでも診療と研究の補助的道具であって、評価尺度のみで精神疾患の病態を明らかにすることはできません。

3　これは黙って座ればぴたりと当たるようなものの見方ではなくて、まさに実践としてかかわり続けることを通して徐々に体得されてくるような類の認識です。たとえば、友人であれパートナーや夫婦であれ、何年も何十年も付き合い続けていれば、自然にその人の人となりがわかってきて、強いところも弱いところも、いいところも悪いところも見えてくる、人や社会とのかかわりや自分自身の心や身体との関わり方もある程度わかってくる、ということに似ています。それでも全てがわかるのではなくて、わからないこと、見えていないことがつねに残っているのも同じです。

4 昨今は、大学における精神医学の研究と教育の場で、精神医学の基礎学としての精神病理学をきちんと理解している教員は、残念ながら僅かになっています。

5 当時はまだ、がん対策基本法（二〇〇六年六月）が成立する前で、がんを患う人の診療に精神科医が本腰を入れて取り組むのはまだ稀でした。

6 木村敏先生は当時、せっかく育てた弟子が精神病理学を捨てて他の領域（がん医療における精神医学）に出ていってしまうと嘆かれましたが、何年も経ってから、私が新たな分野で生命の精神病理学とでも言うべきものを展開したいと考えていることを理解してくださったように思われました（和田、二〇二一、三五頁）。

7 長年緩和ケアに携わった緩和ケア医・精神科医の柏木哲夫は、出産という人の誕生を助ける「助産婦」（当時の呼称）に対して、死を迎える人たちにかかわる専門家いわば「助死婦」も必要と考え、ターミナルケアにおいて身体的にも精神的にも人を支える専門家の育成を目指しました（柏木、一九八七）。

8 心理療法のプロセスにおいて重く苦しい経験があっても、その先に何かよい状況が開けると信じて心理療法を続けることができるのはなぜでしょうか。ユング派分析家であった河合隼雄（一九二八－二〇〇七年）の心理療法では、信仰や祈りに近い信念のようなものが根底にあったように私は感じます。精神分析を専門とした精神科医・土居健郎（一九二〇－二〇〇九年）は、困難な精神療法の過程を進めていくにあたって宗教的信念が支えとなっていたことにある時気づかされたと記しています。「患者を照らしだす光が存在するという隠れた信仰が自分を支えていた」「患者の暗い面を照らし出すための「光」が存在することを信じるところに、表には出さぬ自身の信仰（カトリック）が現れる」「その祈りを患者が感じ取ることで、患者に出会うことができる」「このような信仰と祈りなくしてどうして患者の真実に立ち向かうことができよう」（土居、一九七一、一九九〇、山本、二〇二三）

9 キリスト教チャプレンの伊藤高章氏は、精神的支援を提供する者と受ける者の間に成立する身体性について、メルロ＝ポンティの身体の現象学を引いて、「肉」chair の概念による解釈を紹介しています（伊藤、二〇一三）。

10 病の苦にまつわるパトス的情念は大切に受けとる必要があるでしょう。ヴァイツゼッカーはパトス（Pathos）的範疇として、ドイツ語の話法の助動詞にあたる「してよい」Dürfen、「せねばならぬ」Müssen、「しようとする」Wollen、「すべきである」Sollen、「できる」Können を挙げました（Weizsäcker, 2005/2010）。

11 ドイツの神経科医ヴィクトール・フォン・ヴァイツゼッカー（一八八六－一九五七年）は、著書『ゲシュタルトクライス』で、生きものにおいて知覚と運動が一体となって機能していることを重視し、生き物が環境と交わって生きる接点に主体が成立すると考えました（Weizsäcker, 1940, 1950 木村・濱中訳 一九七五）（和田、二〇二〇）。

12 間主観性における身体的感性は、認識的感性として、認識することにつながる側面を持ちあわせている可能性があります。つまり、相手と自分の間で身体感覚として感じられることが、相手と自分との間に動いている心の動きに気づくきっかけとなることがあります（小西、二〇二三）。

13 本書第4章の著者岸本氏のように、医療場面でも描画等を用いた深層心理学的心理療法のかかわりを実践し、意識水準をやや下げて、心の深い場所の動きを見つめ共有しようとする方法を用いる臨床家もいます。この場合は、患者本人がさしあたり意識しているよりも奥底の心の動きを扱うため、臨床家には相応の訓練が必要です。

14 金田氏は講演で宮沢賢治の「なめとこ山の熊」の一節を引用し、宮沢賢治の文学世界が法華経の世界観に影響を受けていることに言及しています。「人間とこの大自然の悲しいけれども親しくて、温かい関係が描かれている。そしてその関係を大きく包み込んでいる宇宙があって、そのさらに宇宙を、大宇宙を感じ取っていく賢治の視点がそこにある。これは私達の大乗仏教のですね、法華経の世界の中に描かれている、法華経の中の世界観じゃないのかなって思います。その時にふと思ったのは、それを見ながら思ったのは私とあなた、私と他人の命が本当にひとつになってですね、被災地の人とひとつになったような、そういうふうな感覚がありました。」（金田、二〇一一）

15 現代音楽の作曲家、武満徹（一九三〇―一九九六年）は、作曲家にとって一番大切なことは聴くことであり、命、生きているもの、自然のあり様を聴き出すことであると語りました（武満・草野、テレビ番組）。

16 人の言葉や生き様の向うに宇宙と命の営みを感じることについて、和田（二〇二四）、武満・草野（テレビ番組）を参照。

文献

土居健郎「精神療法と信仰」『心と社会』四月号、八―一三頁、一九七一年
土居健郎『信仰と「甘え」』春秋社、一九九〇年
古部賢一・和田信「演奏における間主観性とゲシュタルトクライス」『文明と哲学』第一〇号、一〇二―一三九頁、二〇一八年
伊藤高章「人材養成の理念と方法――現象学的ケア教育の試み」『グリーフケア』創刊号、六九頁、二〇一三年
金田諦應「東日本大震災被災地での傾聴活動報告」NPO法人自殺防止ネットワーク風 公開シンポジウム「東日本大震災被災地での被災者・自殺者の現状と今後」基調講演、二〇一一年一〇月二七日、千葉県文化会館 https://www.soudannet-kaze.jp/sympo/2-kchokouen.pdf（二〇二四年二月一三日閲覧）

金田諦應「人は物語を作る力がある――vol. 1. 3.11をめぐる物語」『新薬と臨牀』第六五巻第三号、三九七―四〇四頁、二〇一六年
金子明友『運動感覚の深層』明和出版、二〇一五年
金子明友『わざの伝承』明和出版、二〇〇二年
柏木哲夫『生と死を支える――ホスピスケアの実践』朝日新聞出版、一九八七年
木村敏『木村敏著作集』（全八巻）弘文堂、二〇〇一年
木村敏『精神医学から臨床哲学へ』ミネルヴァ書房、二〇一〇年
小西達也から筆者への私信　二〇二三年一一月五日
窪寺俊之『スピリチュアルケア入門』三輪書店、二〇〇〇年
島薗進「スピリチュアリティの未来に向けて――限界意識のスピリチュアリティという視点から」『スピリチュアル研究』第六号、三七―四八頁、二〇二二年
鈴木國文「サイコオンコロジーに寄せて――心的因果性の精神分析理論から見えること」第三四回日本サイコオンコロジー学会大会長企画講演、二〇二二年九月―一二月web配信
武満徹・草野心平「あの人からのメッセージ　耳を澄ませば～森の中で音をつかまえて」「NHKアーカイブス　あの人に会いたい　武満徹」File No. 42.
中井珠恵「いくつもの揺れ」日本スピリチュアルケア学会第一六回学術大会公開シンポジウム『コンパッションとスピリチュアルケア』二〇二三年一一月五日、名古屋
和田信「対人関係のあり方とコンパシオーン――震災後傾聴ボランティアに携わる僧侶金田諦應の実践」『文明と哲学』第九号、七九―九一頁、二〇一七年
和田信「死の不安を抱える人に向き合う――共感と間主観性」日独文化研究所編『共同研究共生――そのエトス、パトス、ロゴス』こぶし書房、一七二―一七五頁、二〇二〇年
和田信「医療におけるスピリチュアルケア」瀧口俊子・大村哲夫・和田信編著『共に生きるスピリチュアルケア――医療・看護から宗教まで』創元社、三四―五八頁、二〇二一年
和田信「木村敏精神病理学の源泉――体験と思考」『文明と哲学』第一四号、三〇―三二頁、二〇二二年
和田信「静けさに耳を澄ます――命の音を聴く」『文明と哲学』第一六号、一七四―一七七頁、二〇二四年
Weizsäcker, Viktor von. *Der Gestaltkreis – Theorie der Einheit von Wahrnehmen und Bewegen.* Georg Thieme. 1940, 1950.（木村敏・濱中淑彦訳『ゲシュタルトクライス――知覚と運

動の一元論』みすず書房、一九七五年）
Weizsäcker, Viktor von. *Pathosophie.* In: Hrsg. Walter Schindler, Dieter Janz, Peter Achilles, Gesammelte Schriften Bd. 10. Suhrkamp. S.70-97. 2005.（木村敏訳『パトゾフィー』みすず書房、八一－一二二頁、二〇一〇年）
山本佳世子「非宗教者によるスピリチュアルケア」国際宗教研究所・東洋英和女学院大学死生学研究所シンポジウム『スピリチュアルケアと宗教者／非宗教者』二〇二三年一〇月二八日web配信

子どもらしさを回復するためのスピリチュアルな表現について

桜井亮平

私は子どもの心理臨床の現場でプレイセラピーや箱庭療法をすることが多いです。大人の論理や効率よくということが苦しくなって、子どもが主訴として表現し、来談に至ることがよくあります。ただ、大人の論理も意味があるので、そう簡単にライフスタイルを変えられないとも思います。そのとき、プレイセラピーや箱庭療法で、子どもの力ではどうしようもないことを、子ども自身が受け止められることがあります。スピリチュアリティに関係するものを表現することがあります。

たとえばA君は保護者から勉強を強要されることに反発して、家の中のお金を盗むことで来談しました。箱庭では文明社会を虫や動物が破壊する世界を作り続けました。文明社会：勉強、虫や動物：A君の子どもらしさ、という文脈で捉えてみると、A君の気持ちの表現に合っているように感じられました。勉強して理性的な大人になることに対してA君の子どもらしさが拒否しているとも言えるかもしれません。

しかし、A君は生物が大好きで、自然豊かな今の学校は気に入っています。どこかで折り合いをつけなくてはいけないと思ったのか、次第に動物と文明が戦いながらも、人間が現れたり、戦いとは別の島ができて、橋で繋がったりという作品を作るようになりました。その頃からA君は勉強をするようになり、お金を盗むのをやめました。保護者もじっくりと見守れるようになって手ごたえを感じたようでした。成績も上がってきた頃、様々な島に橋を架けて、一つの小さな島に神社を置きました。A君の心の中で、子どもらしさを守りつつ、学校など文明的なものも大切にしていくのをそっと見守る神様のような存在ができたのだと思いました。成績も急上昇し、学校での適応もよくなりました。

Bちゃんは非常に知的に高い保護者から合理的かつ効率的に行動するように求められて育ちました。「学校での人間関係がうまくいかない」、「家で癇癪を起こす」という主訴でした。保護者は学校へ対応のバージョンアップを求め、学校も困って私のところへ相談するように両親に勧めました。保護者は子どもには、「学校での人間関係がうまくいかないことをカウンセラーに話して、すっきりすれば治る」、「自分が他人に合わせて友だちを作るか、合わせないで一人でいるか、どっちかに決めなさい」と言って、来談しました。遊びでは、Bちゃんは私に「こういうやり方ならもっと早くできる」「五秒以内にオセロを置かないと私の番になるからね」と言ってきます。こちらまで息苦しくなるほどのスピードで、同時に幾つものタスクをこなしているかのようでした。家庭でも習い事へ行ったり塾で勉強したりして、めまぐるしく生活していました。保護者と面接をしていく過程では、保護者自身も非常に知的に高い家庭で、いつも合理的な行動を求められてきた様子がうかがえました。面接を続ける中で、Bちゃんは「何か話さなくては」と話したくないことを無理に話していました。私が見かねて、「遊ぶだけでもいいし、何もしなくてもいいし」と言うと、「それじゃあ、何のために来ているのか」と言いました。来談の合理的な根拠がないと効率が悪い、と思っていたのです。それは保護者がいつもBちゃんに求めることだったのでしょう。しかし、遊びを交えているうちに「ごめんなさい。今日は話すことない」と言うようになりました。Bちゃんは戸惑いながらもプレイセラピーに慣れてきて、自由に遊べるようになっていきました。黒ヒゲ危機一髪（剣を樽の当たりの穴に刺すと、首が飛ぶ）の玩具で遊ぶようになりました。Bちゃんも知的に高く、何度も遊んでいるうちにバネの動きなどから、当たりの位置がわかるようになりました。私は負けっぱなしになりました。しかし、あるときから何故かBちゃんが予測していた当たりの位置とは違うところが当たるようになりました。Bちゃんは戸惑いながらも、どこが出るかのわくわく感を優先させるようになり、原因の究明をしなくなりました。純粋にゲームを楽しむようになりました。Bちゃんの素直でかわいらしい面が出てくると、次第に両親もBちゃんのありのままの姿を認めるようになり、親子喧嘩の際も「Bがイライラを飲み込んだのがわかったので、私も引きました」と言って、親子関係がよくなりました。学校でも仲良しの友だちができたり、色々な人と付き合ったりするようになりました。主訴が解消しつつあったときに、黒ヒゲ危機一髪で、「天の神様の言うとおり」と言って剣を刺しました。見事に当たりました。合理主義で育てられてきた子どもが合理的ではない「天の神様」に決定を委ねたところには、自力ではどうしようもないことを受け止めつつ、自分の気持ちにぴったりくる行動をしていいんだという自信が感じられました。保護者も冗談を言ってセラピストを笑わせるなど、保護者自身にも「遊び」が出てきました。

大人の論理性や効率性のようなものに子どもらしい気持ちが押し殺されることがあっても、子どもはプレイや箱庭の中で、「子どもらしさ」をどこからか引っ張ってきます。あるいは降ってわいてきます。この現象を意図的に作り出すことはできませんが、プレイセラピーや箱庭療法を続けながらじっくり子どもの表現を待っていると、出てきます。いついつまでにという合理的な計算の立たないところからやってきます。期限や効率に縛られることなく、子どもがのびのびと安心して遊べる環境を作ることが、子どもの心理臨床にとってのスピリチュアルケアだと思います。私にとってスピリチュアルケアとは、「子どもが夢中になって遊んでいるうちに、人知を超えたもの（イメージなど）に出会い、子どもらしさを生かして未知の自分自身を感じること」だと思っています。また、子どものスピリチュアルな表現には、Bちゃんの保護者のように、前の世代から受け継がれた問題にも影響を与えるほどの力が宿っていると思います。

力のある図案を作るための術について

梨木香歩

先日、ある陶芸家の作品に物語をつけて絵本を作ってみないかというお誘いを受けました。面白そうだと引き受けたものの、これが当初思ったよりはるかに手強いものでした。陶芸家の絵皿二百点の写真のなかから適宜ピックアップし、物語を構成するわけですが、その二百点の「絵」はそれぞれ、一見物語性に溢れているように見えるのに、いざ「話を聞かせてね」、と対峙すると、なぜか物語が見えてこないのです。何度もトライしましたが、まるでとりつくしまがなく、焦りつつも、これはどういうことだろう、と考えました。思い出したのが、ウィリアム・モリスのことです。

以前、ある雑誌の企画で自分の家のリビングを、モリスデザインの壁紙やカーテンで統一したことがあります。彼のテキスタイルが好きだったので引き受けたのですが、いざ決断するとなると、自分でも驚くほどためらって、やっぱりやめようと何度も思いました。なぜなら、私は昔からモリスの強い個性のデザインが好きだったのですが、しかし個性が強烈なだけに、小物で楽しむのと違い、生活の場にそれが充満するとなると、かえって煩くなるのではないか、そして日々のことですから、作家としての自分の創作にまで影響を受けてしまうのではないかと懼れたのです。

けれど、実際やってみると、驚くことに、モリスの個性溢れる作品は、生活の場では自分を押し出してくることなく、かえってエネルギーとなってこちらを励まし、落ち着かせてくれるようなのです。とくにこちらが疲れ切ってすっかりエネルギーが枯渇しているようなとき、それがはっきりとわかります。力強いパターンの繰り返しが、こちらの損なわれた生命力に尽きせぬパワーを送り出してくれるようなのです。これが「強烈な自己主張のある芸術」を鑑賞することと、力のある民芸（や澄んだ力のある芸術作品）と生活を共にすることの違いなのだと肌で実感しました。

　モリスのデザインも、一見大変物語性に溢れているように見えます。物語性というのは要するに、不安や不穏、「定まらなさ」を抱えつつ、先へ先へと展開し、転んでいく力そのものです。つまり静ではなく動のパワーです。そのパワーが大きければ大きいほど、人はその物語性に惹きつけられます。けれどそれではそれと共に生活していくことは難しいです。人は魅入られながらルーティーンをこなすことはできません。魅入られるというのは、魂を抜かれるようなものですから。

　逆にいうと、私がモリスの作品から落ち着きを得られたということは、彼の作品には結局のところ、物語性はなかったということなのでしょうか。私がたどり着いた答えは、モリスは自分の作品を図案として確立させるために——というかそもそも確立させるためには——物語性を封じる「術」をかけなくてはならなかったのではないか、ということでした。

　中世という時代に熱烈に魅かれ、選ぶ異性や住む場所まで影響を受けていた（実際隙間風で凍えるような中世の古城に住んでいた）モリスは、彼自身無意識に「時の魔法」にかかわる術を身につけていたのではないかと思うのです。そうでなければ気持ちがざわざわと落ち着かず、日常生活は営みにくかっただろうと思います。それと同じような術を、自分の図案にもかけていたのではないか。

　私が依頼を受けた陶芸家の作品にも、モリス作品と同じような「動かなさ」を感じました。物語をつかみ出すための文字通り「手がかり」となる取手や尻尾のようなものがなく、ツルツルして摑めない、そういう感じでした。この場合の「術」とは、絵のなかのちょっとした工夫だったのだろうと思います。絵皿の枠線——絵を囲う蔓などとして描かれた——を強固なものにする、目線をずらす、等々の。

　それに気づくと、物語作家としてはかけられた「術」を外すしかありません。どのように、というのは言語化の難しいところなので割愛しますが、結果的に何とか絵に動いてもらって物語の完成を得ました。

この一件があってから、物語性を封じるとはどういうことだろう、と折に触れ、考えています。物語性が、「定まらなさ」を抱え、不安や不穏を内包し、次へ次へと転ぶように前に進ませる、あるいは深く掘り進んでいく力だとしたら、それを封じたときに——先程の例でいうと、「動かなく」したときに——封じようによっては、何か非常に前向きな可能性だけが残るようにできる気がするのです。

ただ、私が今回トライしたように、物語を帰結に導くためには、物語性に動いてもらわなければなりません。物語性をマグマだとしたら、物語は火山、物語が帰結する前の、マグマが動いている状態は活火山、その途中で術をかけられ封じられてしまった物語は休火山のようなものでしょうか。静かだけれども死んでいるわけではない。

「心理臨床とスピリチュアルケア」というテーマについて思いを巡らしているうちに、思いもかけず、活火山と休火山についてまで話が及んでしまいました。スピリチュアリティという言葉は（近年は幅広く解釈されているようですが）、総じて目に見えない世界を前提としています。そこには「静と動」の物語がミルフィーユのように幾層にも渡って積み重ねられている。考古学者が遺跡を見てかつての生活を思い描くように、そして、土器や陶器のかけらを大切に持ち帰るように、動きを止めているように見えるパターンが日々の暮らしを豊かにケアするということは、けっして特別な風景ではないと思います。

そして、「静と動」を味わい深く積み重ねた、物語の集積であるところの人間存在が生き生きとしたエネルギーを放っていくためには、何らかの術が必要になる。実践的な学問でも芸術的な活動でも、プロフェッショナルは皆そうしたスピリチュアルな術を磨いてきたのではないでしょうか。職人・モリスたちのように。

終章

ソウル・メイキング

瀧口俊子

シンクロニシティ（偶然の一致）

心理臨床においては、クライエントに対して面接者の匿名性を大切にします。面接者を「鏡」に、クライエントは自分自身を理解します。面接者は、クライエントの姿を写す「鏡」であるために、面接者の個人的情報を開示しません。

相談に乗る人のなかには「鏡」の意義を重視せず、悩める人を慰めようと自分のことを語る人もおられますが、心理臨床の専門家は（特別の状況を除いて）自分のことを話しません。面接者が個人的な情報を提供することによって、クライエントの面接者への依存を強めたり、クライエント・面接者間の転移逆転移が複雑になることを避けるためです。

にもかかわらず心理臨床家である私は、本稿で自分自身を語ろうとしています。

今も臨床心理士として活動をしている私ですが、加齢に伴ってクライエントに直接お会いするよりも後輩にアドバイスする立場になったので、このテーマを考えるに当たって私という一人の人間を伝えることも意味があるかもしれないと思い、個人的なことを記す決心をしました。

と言うことで、まず生い立ちから。

山口県出身の三浦家三七代目で洋画家の父、家系存続のために嫁として迎えられた国語教師の母、跡取りとして大切に育てられた兄、両親の資質を受け継いだ姉、母に溺愛された弟。そんな家族のなかの私について、母は「俊子は自分ひとりで育った」と言っていました。大人たちから関心を向けられない子どもでした。

第二次世界大戦中の幼児期に、岩手県のお寺に疎開して食べ物も不自由に育ったせいか、痩せっぽちで（中年になって太りましたが）背も低く、これと言って取りえのない私は、優秀な兄姉の通った地域の小学校を卒業後、母が勤務していたミッションスクールに姉に続いて入学しました。

小此木啓吾先生と筆者

その学院の牧師（チャプレン）に、恵まれた環境で育っている友人たちや、家族のなかで、孤独を感じていることを打ち明けました。留学から帰国されたばかりのチャプレンは中学生の私の哀しみに耳を傾けて、「将来、カウンセラーになったら？」と勧めてくださいました。「日本にも必ず必要になる」と、アメリカでのカウンセラーの活躍を話してくださいました。

思春期の私にとって初恋といえるほどに信頼していたチャプレンの勧めに、「カウンセラーを目差そう」と決心しました。

そして姉妹校の立教大学心理教育学科に進み、卒業時に慶應義塾大学病院神経科（現在の精神神経科）でクリニカルサイコロジストを（臨床心理士の誕生する以前です）採用しているとの情報を得て受験し、入局が叶いました。同期生に、卒業論文が学会誌に掲載されるほど優秀な、独りっ子として大切に育った深津千賀子先生と出会いました。

上司の小此木啓吾先生が精神分析学の新進気鋭の研究者でいらした偶然によって、精神分析的な心理療法を学ぶことになりました。

大学入学後は「カウンセラーになる」ことをすっかり忘れて、チャペルの聖歌隊活動に熱中して、卒業時には「アナウンサーになろうかな？」と考えていた私は、小此木先生のサイコロジストへの熱心な指導や、同期のドクターたちと一緒に受ける神経科の訓練に、基礎知識がまったく無いことに直面しました。神経科の外来での陪診や教授回診で会う入院患者さんは、まったく知らなかった世界の方々で、驚きの毎日でした。あまりにも無知であることを恥じた私は、大学院に進む決心をしました。

当時の大学院は社会心理学や実験心理学が主流で、臨床心理学に触れることは僅かでしたが、現象学の早坂泰次郎先生らと出会い、理学部から編入学してきた友人にも刺激を受けて、私の視野は広がりました。

その後、小児科医の姉の同級生の麻酔科医と結婚して、子育てをしながら細々と臨床を続けました。神経科を訪れる子どもたちとの遊戯療法を担当しているうちに、サイコロジストの後輩たちが遊戯療法を受け持つようになって、私は遊戯療法と並行して行う保護者との面接を担当しました。親面接に来られる多くは母親であったことや、私自身が三人の子どもの母親になったこともあって、「女性の生きよう」を思い巡らせることになりました。

当時は精神分裂病と呼ばれていた統合失調症の患者さんとの面接も担当するようになり、「治るとは？」「治療とは？」と、考え悩みました。

慶應義塾大学病院の研究会において、子どもの治療と並行して行う母親との面接や統合失調症の患者さんとの心理療法の報告に、精神分析学的な臨床に収まらない私の面接に対して批判が向けられたことがありました。

『ねずみ女房』（福音館書店）

臨床と研究に一途の優れた仲間たちのなかで、子育て真っ最中で専門書を読む時間のない私は、劣等感に苛まれました。

そんなある日、全く偶然に、河合隼雄先生がラジオで児童文学『ねずみ女房』について話しておられるのを耳にしました。慶應の研究会から疲れ果てて帰宅した、木曜日の夜のことでした。

女房ねずみは「今もっていない何かが欲しい」と願っていましたが、夫ねずみは女房の気持ちがわからず、「住まいもある。夫もいる。食べ物もあるではないか」と言います。

ある日のこと女房ねずみは、その家に飼われることになった鳩の鳥籠の下に食べ物が落ちているのに気がつきました。食べ物を目当てに鳥籠の下に通う女房ねずみは、やがて鳩と言葉を交わすようになり、鳩は窓の外の広い世界のことを話してくれました。河合先生は「自分でもわからない何かが欲しい」と願っていた彼女にとって、鳩の話は、その何かと深くかかわることを感じていた」と解説されました。

しばしば鳩のところに行く女房ねずみの耳を、夫ねずみが噛みついたりしましたので、しばらく鳩のところに行くことができませんでした。ある日、夫ねずみが友だちのところへ出かけたすきに、女房ねずみは鳩に会いに行きました。鳩は翼を広げて、ねずみを抱き、キスをしました。

その夜遅くに女房ねずみは、鳥籠に囚われている鳩の苦しみを察し「今すぐ鳩のところへ行かなくては」と思いました。窓の外の月の光に照らされた森の木を見上げて、「鳩は、あの木や森のなかに行かなくてはならない」と考えた女房ねずみは、鳥籠の戸を開けるために全身の力で金具にぶら下がりました。

河合隼雄先生と筆者

金具に食いついた歯が折れそうなほどに痛くなった女房ねずみは、バサッと床に落ちました。その音に眠っていた鳩は目を覚まして、そして窓の外へと飛び立って行きました。

飛んで行く鳩の姿を目で追いながら、ねずみは「あれが（鳩の話してくれた）飛ぶということなんだ」と思いました。鳩が飛び去った後、涙を振り落として見上げた夜空に、星が輝いていることに、ねずみは気がつきました。

女房ねずみが鳩を失うことによって何かを得た、このことについて、河合先生は「コンステレーション（布置）」と説明されました。それまでは全てのことを因果関係で捉えていた私にとって、「コンステレーション」という理解が、こころに響きました。河合先生が説明される「シンクロニシティ（共時性）」の考えも、新鮮でした。

河合先生から学びたい！　という想いに突き動かされた私は、先生にはじめての手紙を書きました。

超ご多忙だった河合先生が私の願いを聴き入れてくださって、臨床家の訓練である教育分析と、河合先生の講義の受講が叶いました。

ゼミにも参加することになり、京都大学の大学院生たちとの交流も始まりました。

長女が大学生、次女は高校生、長男は中学生になった春のことです。

河合先生との巡り合わせの幸運と、勤務校の研究休暇の思恵と、夫をはじめとする家族の理解に、今も私は深く感謝しています。

その後、立教女学院短期大学幼児教育科の教授・学科長を経て、京都文教大学の開校時に臨床心理学科に、放送大学大学院の開設時に臨床心理学プログラムに携わることになりました。

日本心理臨床学会や日本臨床心理士会での役割や、文部省（現在の文部科学省）や文化庁の委員も担うようになって、私の社会的活動は広がりました。

そして、放送大学大学院修了生の大村哲夫氏の発表を聴きに立ち寄った日本スピリチュアルケア学会学術大会で、かつて親交のあった方々と再会し、スピリチュアルケア学会とかかわるようになりました。

今日に至るまで、ほんとうに沢山の偶然に遭遇しました。

個人の意志を超えての、シンクロニシティ・コンステレーションは、「たましいの働き」、と私は感じています。

この世に存在する全てに「たましい」が流れ合っている。にもかかわらず、殺し合う戦争や悲惨な犯罪が多発して、それを止めることができない人間とは？　と、抑うつ的な今日この頃、本稿を書き始めました。

「何故？」と立ち止まるのではなく「とにかく先に進もう」と、我が身を奮い立たせています。

心理臨床体験

先に述べたように、慶應義塾大学病院における小此木啓吾先生との偶然の出会いによる精神分析学的精神科治療が、私の心理臨床のスタートでした。

精神分析学を創始したフロイトは、神経症患者の無意識を対象にしましたが、無意識が分析を通じて結局は意識化されるので、フロイトは「意識」を対象にしていたと言うことができます。またフロイトは意識を扱う点において行動主義の心理学とは異なっていましたが、一九世紀の科学モデルに添う形で理論を提示しようとしましたので、フロイトの理論は因果律的な決定論として展開されました。

エリクソンの考えも、自我の統合性を維持するために自我と共存せぬものはシステム外に出しています。精神分析学に熱心に取り組まれていた方々に、私の報告する子どもとのプレイセラピーや保護者面接、統合失調症の方々との臨床は共感されにくかったのだと、後になって気づきました（現在の精神分析学は、その頃の私には予想できなかったほどに深化拡大しています）。

また、当時のフロイト派の考えに馴染みにくかったのは、先に述べたような古い家に生まれ育ち、キリスト教の女子校に学んだ、私の生育史にも関係していたように思います。私の関心がフロイトが注目した「壮年の男性」よりも「女性・子ども・死・宗教」であったことによって、河合先生が語られるユングの分析心理学に強くひきつけられたのだと思います。

京都大学に内地留学中に、河合先生が話されることを逐語録のように書き記したノートは、北山修先生が貸してくださっていた下鴨神社近くのマンションの机の上に積まれてゆきました。私の人生においてもっとも沢山の文字を記した、刺激に満ちた日々でした。


このような私の、心理臨床を紹介したいと思います。

まず、A君との遊戯療法。

「授業中に落ち着いて座っていられない、と担任から問題にされている」との母親の訴えによって会うことになった一〇歳の男児です。A君は、祖父も父母も知的な職業の家庭の一人息子として、大切に育てられていました。

遊戯療法を開始するに当たって行うアセスメントの知能検査で、「コミュニケーションとは?」との問いに、A君は「相手のペースと同じペースになる」と応えました。「絵画と音楽の共通性」に対しては、少し考えて「どちらも感じ取ること」と。こんなにも感性豊かな子が、公立学校の画一的な授業に黙って座っているのは、さぞ辛いことだろう、と私は察しました。

A君は相談室に来る度に、箱庭療法の砂箱のなかで、戦いを繰り広げました。ある回は、激しく戦い合って両軍ともに全滅し、すべては砂の中に埋められました。やがて巨大な恐竜が静かに登場して、戦士たちを一人ずつ砂の中から起こしました。激しい戦い後の厳かな再生の儀式に、見守っている私は息の詰まる想いでした。

箱庭の砂の上に小石を整然と、マンダラのように並べた回もありました。

やがてA君は「来るの、止める」と宣言して、相談室を卒業してゆきました。

興味の合わない授業にも楽しみを工夫して、クラスのリーダーになっていると、母親から報告がありました。

「戦い」のテーマで思い出す青春期のクライエントB君も、学校での不適応を主訴としていました。冬なのに靴下も履かず薄汚れた服で、裕福な良家の子息にもかかわらず「みなしご」のような雰囲気で来談しました。初めて会った回から、戦国武将の活躍ぶりを口からツバが飛ぶほどの激しさで語り続けました。戦国時代の戦いを通して彼が訴えたい激しい想いに、私は耳を傾け続けました。「終わりの時間になってしまったので、また来週」と面接時間を守ったことや、帰りがけに「車に気をつけてね」などと現実に戻るために言葉をかける配慮をしましたが、面接時間中は、彼が語らずにはいられない戦いの世界を共有するように努めました。高校を留年中だった彼は、やがて受験勉強を始め、大学入試に成功して、卒業後は家業につきました。理解あるパートナーを得て、一児の父にもなりました。

遠方から面接室に通う経済力に恵まれた家庭も彼の支えでしたが、「たましいへの信頼」による面接者の揺るぎない受容が、彼の成長を保護する「器」であったと思います。

慶應義塾大学病院で出会った重い病理の青年期女性Cさんとは、私の心理相談室で何十年も会いました。学会などで面接できない週には、彼女の願いによって、連絡先を記した紙を折りたたんでセロテープで止めて、万一のときのほかは開けない約束をして預けたこともありました。

アルバイト先では、不安を軽減するためにアメをなめ続けて仕事をしたほどの、努力家でした。

精神科の服薬と心理面接とによって、平穏の維持されていた彼女でしたが、子宮の手術のために入院することになりました。

保育カウンセリングのひとこま（保護者会での講演）

筋腫は無事に切除されたとのことでしたが、定期的な精神科受診と面接とが「命綱」だった彼女に取っては、手術と入院は予想以上の負担となり、精神的な症状が急激に悪化して、閉鎖病棟への入院を余儀なくされました。

個人面接の一方、保育カウンセラーとして保育の場に携わることも、私にとって大切な心理臨床です。

保育カウンセリングにおいては問題と見える幼児を「（いわゆる）良い子に早くする」のではなく、一人ひとりの子どもの人生の「土台作り」に取り組みます。

保護者・保育者が「教える・指示する」のに対して、保育カウンセラーは、一人ひとりを理解し、子どもを取り巻く保護者・保育者の子ども理解に働きかけます。

保育カウンセリングの任務には、アセスメントのための観察、子育てや対人関係に悩む保護者のカウンセリング、保護者との懇談会や講演会、保育者とのカンファレンス、保育者自身の個人的な相談、保育カウンセリング通信の発行や保育カウンセリングの看板を掲げる等の広報活動、等などあります。

定期的に訪問する幼稚園で、疲れきった表情の保育者Dさんが気になっていました。ある日の保育時間後に、「相談に乗って欲しい」と面接室に来られました。着席するなり涙が溢れ出し、嫁姑の葛藤を訴えられました。耳を傾け続けるカウンセラーに、やがて彼女は「また話したくなったら、お願いします」と立ち上がられました。面接室で会ったのは一回でしたが、保育中の彼女は日ごとに生き生きと明るくなりました。

保育者からは、自分自身や家庭のこと、園児や保護者に関する相談のほかに、園長など管理職に対する相談があります。管理者からの相談もあります。

保育カウンセリングにおいても、訴えを聴いた上で、発達や心理臨床の知恵や人間関係の理解などを伝えることがありますが、基本的には、相談される方の自己成長力を信じて耳を傾け続けます。ときに助言めいたことを言いたくもなりますが、出来うる限り余計なことは言わずに、「たましいの働き」に委ねます。

ペーパードライバーが自動車教習所の教官にはなれないように、心理臨床の教育に携わる者も臨床実践が不可欠なため、私は大学における教育に携わりながらクライエントに会い続けました。「心理臨床学の発展のために教員になった」とも言えますので、体力のあった頃には一日に一〇人以上のクライエントと面接し、心身に問題を抱える子ども、子どもの問題に悩む保護者や関係者、自分自身の課題に直面している青年から老年までの方々など、沢山のクライエントと会いました。

出会ったクライエントは、家族や友人や教え子らと同様に、私の人生の「宝」だと感じています。

たましいを生きる

小児科医の姉が、抗ガン剤治療中の脳出血によって世を去ったのは、五〇代の初めでした。伊勢の田舎町に小児科医院を開業した姉と、臨床心理士の私とで協働して、こころを病む子どもたちの味方になる計画を話し合っていた矢先のことでした。

姉は、この世の最期の任務として、医学の進歩のために解剖することを言い残していました。解剖が終わって私たちの元に戻って来た姉の髪には、頭皮を縫った糸が見え隠れしていました。姉を囲んで見守り続けているうちに、姉の顔が優しい笑みへと変わったことに気づきました。天国で姉に用意されている役目のために旅立って行ったのだ、と感じることができました。

日頃から姉は、幼い患者さんとの別れについて、「子どもが召されて逝くとき、たましいがスーッと旅立ってゆくのを感じる」と言っていました。

天国への旅立ちの、この実感がなかったなら、私たちから姉

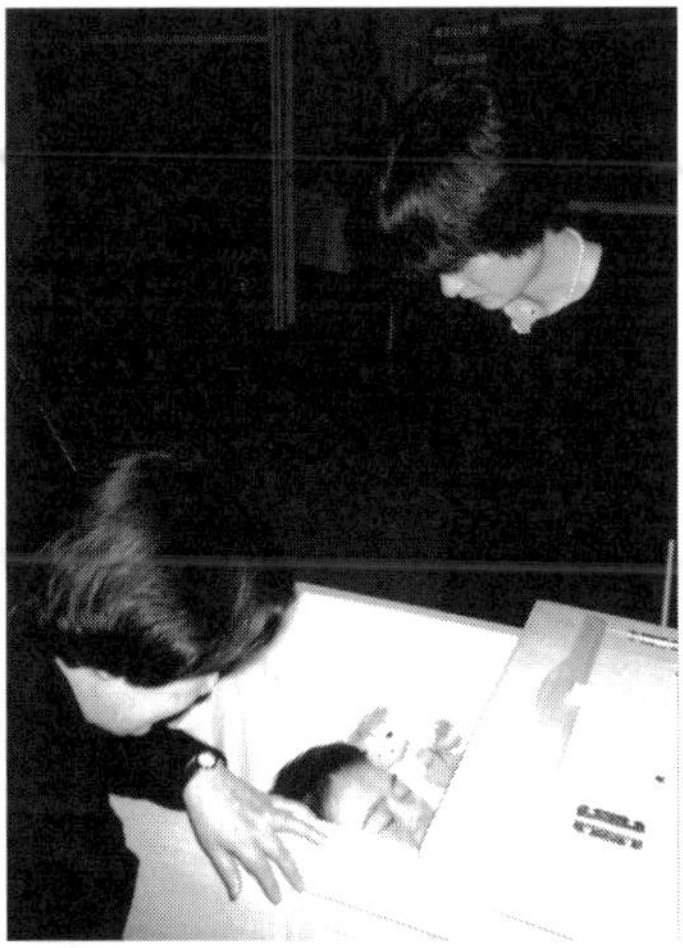

姉の旅立ち

を奪った存在を恨み続けたと思います。

心身を病む子どもたちと、その家族を真に大切にする姿を見て育った姉の長女は、小児科医として活躍しています。


姉と同じように、若くして天に召された方のことを記したいと思います。

上智大学の臨床心理学の教授でいらした小川捷之先生です。

心理臨床機関の山王教育研究所を主宰され、日本心理臨床学会を推進し、発足したばかりの日本臨床心理士会の活動に、こころを込めて取り組まれました。

癌が進行して杖を用いて歩かれるようになってからも、心理臨床学会の大会準備委員長を担われるほど、心理臨床ワールドに尽くされました。

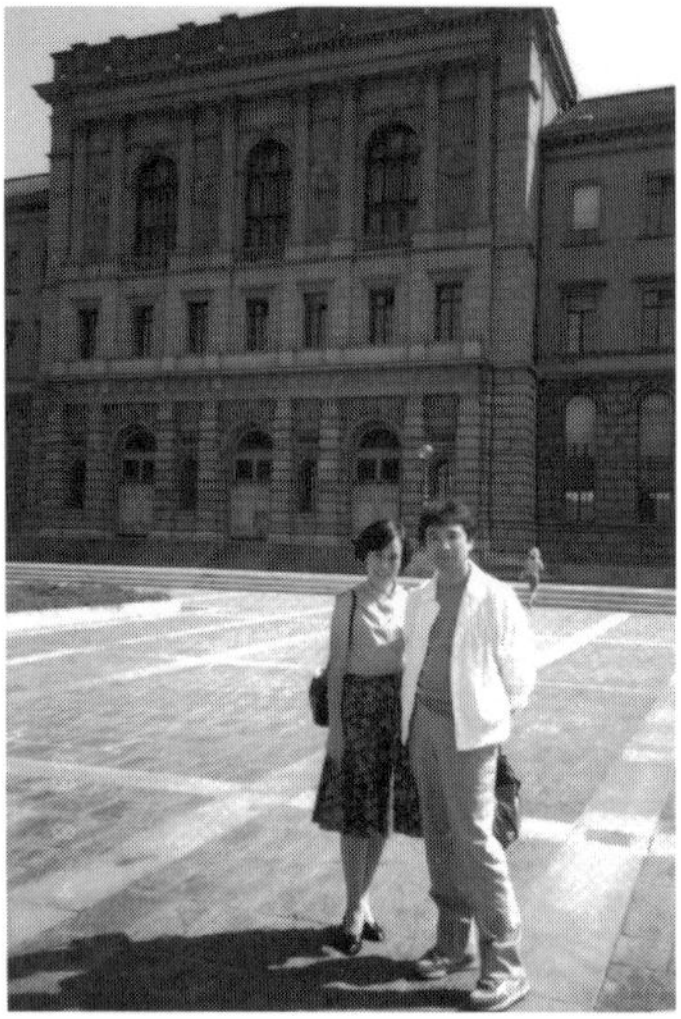
小川捷之先生と筆者

臨床心理士の活動の活性化について、深夜まで話し合ったことも度々でした。
この世での最期の日、病床に横たわられる小川先生を、ご家族や教え子や親しかった者たちが手をつないで囲んで、神父さんのリードで賛美歌を歌い続けました。
やがて小川先生のたましいは、静かに旅立たれました。
上智大学のチャペルでの告別式で、河合隼雄先生は「そのうち　またお会いできるときに、小川さん私も頑張りましたよ、と言えるように努力していきたいと思います。小川捷之

さん　さようなら。そして　またお会いしましょう」と、声を詰まらせて語りかけられました。

日本心理臨床学会事務局長と東京臨床心理士会会長を小川先生から引き継いだ私は、難しい事態に直面するたびに　穏やかながらに熱い意志を秘められた小川先生が思い浮かんだことでした。

最初の師である小此木啓吾先生から学び、今も心理臨床において大切にしているのは、「治療構造論」です。面接の時間・場所・料金・面接態度などを一定にすることが、クライエントの成長を守ることを、小此木先生によって徹底的に身につけることができました。

小此木先生は七三歳で逝去され、北山修先生が選曲されたジャズの流れるなか沢山の人々に見送られ、この世を旅立たれました。

小此木先生の次の指導者として私が出会った、ユング派分析家として大学教授として後には文化庁長官としても活躍された河合隼雄先生も、七九歳で逝去されました。小川先生が召された一〇年後のことでした。

河合先生から吸収した数々は、心理臨床に取っては勿論のこと、私の生きる指針とも言えます。

河合先生は日常場面や講演などではユーモアを飛ばして饒舌でしたが、臨床家の訓練である教育分析の場では言葉数少なく、被分析者である私の想いに寄り添ってくださいました。

「何もしないことに全力をあげる」「ただそこに居る」と言われていましたが、たんに沈黙しておられたのではなく、ときに激しいほどに表現されたこともありました。

河合先生は『ユング心理学と仏教』のなかで、「クライエントの分離しがたいほどの深いレベルにおける苦しみとかなしみのなかに身をおいている」「クライエントに楽しい世界のよさを教えたりするよりも、私はかなしみの中心に自分を置こうと心がけている」、と述べておられます。

たましいの働きに全身全霊を委ねておられる、その姿に、「たましいが河合先生している」とも、感じました。「たましいは『死』と深く関係しており、宗教とも関連してくる。たましいは定義し難い、世界に対するかかわりの根本姿勢」と言われました。また「己を超えるもの、日常性を超えた世界、何らかのそのような存在からの人間へのはたらきかけを大切にする。これを『宗教性』と呼ぶことにしてはどうであろうか」「宗教性とは自分を超越する体験が必要」とも、述べておられます。

河合先生が脳出血を発症される一年ほど前に、私は「河合先生が高い山の頂上近くに彫刻された四角い石を積み上げて、その一番上に腰かけて、ほほ笑んでおられる」という夢を見ました。

夢によって、言葉を交わすことができない高い所へ行かれる日を知らされながらも、この世での別れを覚悟することはできない私でした。

河合先生はじめ大切な方々との別れの耐え難い「哀しみ」によって、「たましい」を、「スピリチュアリティ」を、私は追究するようになりました。

「哀しみ」の体験によって人生は深まり、「自らの哀しみ」によって「他者の哀しみ」への共感が深まる、と感じています。

スピリチュアルケア

日本スピリチュアルケア学会が認定しているスピリチュアルケア師の養成機関の、スピリチュアルケアに関する考えを知る機会がありました。

◇苦しみの渦中にある人々に寄り添い、共感的に見守る環境を提供する

◇スピリチュアルペインに直面する人の悲嘆に寄り添い、大いなる慈しみに抱かれている生きる道を見いだせるように援助する

◇スピリチュアルペインに直面している悲嘆者との関わりにおいて、ケア対象者・ケア提供者が共に各自の死生観・スピリチュアリティを十全に生き共存する

◇スピリチュアルなニーズや痛みを聴き、把握し、明確にし、患者が自分の中にそれに対処していく力を見出せるように援助する

等などの解説に、スピリチュアルケアを表現することの難しさを、あらためて感じます。

かつて日本スピリチュアルケア学会の理事会において、「スピリチュアルケアの定義策定ワーキンググループ（仮称）」が提案されたときに、定義を定める弊害を懸念する意見によってワーキンググループの成立が見送られました。

このような難しさを認識した上で、「私の考えているスピリチュアルケア」を思い切って記したいと思います。

（1）実存的痛みを意識したときに、スピリチュアルケアを要する。

（2）スピリチュアルペインには、①生きる意味・目的の喪失、②死後の不安や恐怖、③後悔・罪悪感、④死に逝く苦悩、⑤その他　いろいろある。

（3）（スピリチュアルケア対象者・ケア実践者という用語はさらに検討したいと思うのですが、とりあえず用いて）スピリチュアルケアは、スピリチュアルケア対象者とスピリチュアルケア実践者の深い関係性によって成立する。

（4）ケア実践者がケア対象者をありのままに受容し、傾聴し、共感することによって、ケア対象者は生きる力の回復（あるいは死に逝く準備）に向かう。

（5）ケア実践者がケア対象者の自己成長（治癒）力を信じ、寄り添い、大いなる存在に委ねる決意によって、スピリチュアリティのケア（活性化）となる。

（6）スピリチュアルケアは、ケア実践者からケア対象者への一方向行的な営みではなく、スピリチュアリティは流れ合っている。

スピリチュアリティ・スピリチュアルケアについての対話が進むことを、こころから期待しています。

二〇二三年の秋に日本心理臨床学会第四二回大会において、「心理臨床とスピリチュアルケア」のシンポジウムが、大村哲夫氏の企画によって開催されました。

大会委員会の「心理臨床学の新たな多様性を開く」の関連テーマとして採択され、パシフィコ横浜の大ホールで行われました。

「スピリチュアルケア」を巡る臨床心理士三人の話題提供に、二人の医師によって討論がなされました。その五人の方々による論述が、本書の第1章から第5章までです。熱のこもった話題提供と、深い討論と、活発な応答とに耳を傾けながら、司会の私は「人間も物も区別することなく、全体をカバーする新しい科学が生まれ、それは限りなく宗教に接近してゆく」、との河合隼雄先生の言葉が想い浮かんでいました。

スピリチュアルケアという言葉によって、「宗教に接近する新しい科学」を、私たちは希求しているのだと思います。「スピリチュアルケア」という「用語」が重要なのではなく、人が真に生きる、たましいを尊重して生きる、その道を、共に追求したいと思います。

河合先生が日本文化研究センターの所長だったときに、近隣の小学校の六年生に「道徳」の授業をされたことがありました。「～～してはならない」「～～すべき」ということは一切おっしゃらずに、身体中を動かし、こころと頭で思い巡らせ、他者に伝えて共有するように、導かれました。この授業で、河合先生は「たましい」を伝えようとしておられる、と私は感じました。

思いがけない嬉しいことも、喜ばしくないと感じる事態に直面するのも、「たましい」の働きによる、と私は思います。すべてを「たましい」に委ねて、大空の星のように、大海の魚のように、大草原の草木のように、そして動物の一員として、与えられた生を力の限りに生きたい！　と願っている昨今、本稿を書きました。まだ書き続けていたい想いがあるのですが、何事も終わるときが来るのが、この世の決まり。河合隼雄先生のソウル・メイキングの考え（『こころの処方箋』より）と、ステージⅣのガンの鎌田東二先生の『いのちの帰趨』

の「喪の作業」の一節と、私が悩める中学生のときから何故かひかれている新約聖書の一句をもって、本稿を閉じることにいたします。

「自分が死んだ時にあちらへ持ってゆけるものが、自分のたましいであると考えてみてはどうであろう。財産をつくっても、もちろん持ってゆけない。本を沢山書いたというので棺桶に入れてもらっても、あちらに行くまでに焼かれるくらいがおちである。自分の体だって焼かれるか腐るかである。私は常に背骨を正しく伸ばして生きてきた、と威張ってみても、骨も砕かれて壺に入れられてしまう。閻魔さんの前に持っていって、これが私のたましいですと示せるもの。そのようなたましいを生きている間にいかにしてつくるか、これがソウル・メイキングである。」

河合隼雄

「その痛みや苦しみもめぐみのなかにあって
めぐみとみのりとともにあって
すべてを受けて
すべてを容れて
しみじみと頭を垂れて
ふかぶかと身を伏して
手を合わす
ごめんなさい
ありがとう」

「常に喜べ
絶えず祈れ
全てのことを感謝せよ。」

テサロニケ前書五章一六節

鎌田東二

主要文献（発行年順）

新約聖書　新共同訳
R・ゴッデン作　W・P・デュボア画　石井桃子訳『ねずみ女房』福音館書店、一九七七年
河合隼雄『宗教と科学の接点』岩波書店、一九八六年
河合隼雄『こころの処方箋』新潮社、一九九二年
河合隼雄『ユング心理学と仏教』岩波書店、一九九五年
瀧口俊子『夢との対話――心理分析の現場』トランスビュー、二〇一四年
瀧口俊子・大村哲夫・和田信編著『共に生きるスピリチュアルケア――医療・看護から宗教まで』創元社、二〇二一年
河合俊雄監修『河合隼雄――たましいに向き合う』平凡社、二〇二三年
鎌田東二『いのちの帰趨』港の人、二〇二三年

参考文献（発行年順）

柏木哲夫『死にゆく人々のケア――末期患者へのチームアプローチ』医学書院、一九七八年
小此木啓吾『対象喪失――悲しむということ』中公新書、一九七九年

樋口和彦・滝口俊子『からだ・こころ』日本基督教団出版局、一九八八年
山中康裕『老いのソウロロギー』有斐閣、一九九一年（再刊ちくま学芸文庫）
滝口俊子『子どもと生きる心理学』法藏館、一九九六年
神田橋條治・滝口俊子『不確かさの中を——私の心理療法を求めて』創元社、二〇〇三年
窪寺俊之『スピリチュアルケア学序説』三輪書店、二〇〇四年
速水敏彦・滝口俊子『真実を求めて——司祭と臨床心理士の対話』聖公会出版、二〇〇四年
神谷美恵子『生きがいについて』みすず書房、二〇〇四年
島薗進『スピリチュアリティの興隆——新霊性文化とその周辺』岩波書店、二〇〇七年
中村桂子・山崎陽子作　堀文子画『いのち愛づる姫——ものみな一つの細胞から』藤原書店、二〇〇七年
ヘルマン・ヘッセ著　岡田朝雄訳『老年の価値』朝日出版社、二〇〇八年
「新老人の会」編集協力『日野原重明の世界——人生を色鮮やかに生きるための一〇五の言葉』中央法規出版、二〇一七年
平岡聡『南無阿弥陀仏と南無妙法蓮華経』新潮社、二〇一九年
斎藤惇夫『子ども、本、祈り』教文館、二〇二一年
末木文美士編『死者と霊性——近代を問い直す』岩波新書、二〇二一年
瀧口美香『キリスト教美術史——東方正教会とカトリックの二大潮流』中公新書、二〇二二年
豊田園子『女性なるものをめぐって——深層心理学と女性のこころ』創元社、二〇二二年
小西達也『インターフェイス・スピリチュアルケア——永遠と対話の根源へ』春風社、二〇二三年
ポール・ハルパーン著　権田敦司訳『シンクロニシティ——科学と非科学の間に』あさ出版、二〇二三年
高木慶子・秋丸知貴『グリーフケア・スピリチュアルケアに携わる人達へ——ケア者のための必読書』クリエイツかもがわ、二〇二三年
神田橋條治『心身養生、もっと工夫を』岩崎学術出版社、二〇二三年
養老孟司『老い方　死に方』ＰＨＰ新書、二〇二三年

コロナ、クマ、ケア

鎌田東二

コロナとディスタンス

コロナウイルスパンデミックで緊急事態宣言が出た際、いくつかの行動制限と推奨が課せられました。手洗い・うがい・手指消毒、そして、ソーシャル・ディスタンスなどです。その中でとくに違和感を強く持ったのがソーシャル・ディスタンスでした。

安全のために五メートルの車間距離を保つように、二メートルの人間距離を保てと言う。

だが、その前に、本来おのずと保たれてきたエコロジカル・ディスタンスをニンゲンたちがみずから後先考えずにぶち毀してきたことが一番の原因ではないか、と。

クマ被害

今年度（二〇二三年度）、クマの出没と襲撃による人的被害が過去最高となり大きな話題となりました。その原因はエサとなるドングリなどの不作、生息数の増加、生息・行動範囲の拡大にあります。この夏、二〇二三年八月一一日にわが家の近くの比叡山中にクマが出没して、トレイルランナーの女性を襲うというこの近辺では前代未聞の人的被害が出ました。

二〇二三年八月一一日のことで、わたしの比叡山登拝八七〇回目の出来事でした。その女性を比叡山登拝中のわたしが救出したということで京都新聞や関西テレビなどの取材を受け、報道されました。[1]が、これも、元はと言えば、人間が長らくおのずから維持されてきたエコロジカル・ディスタンスを無視して、開発・競争や観光政策などにより自然と生態系を壊し続けてきたことに由来します。

そこで、根本的に考え直し、生き直すには、そのエコロジカル・ディスタンスを基盤とする諸ディスタンス

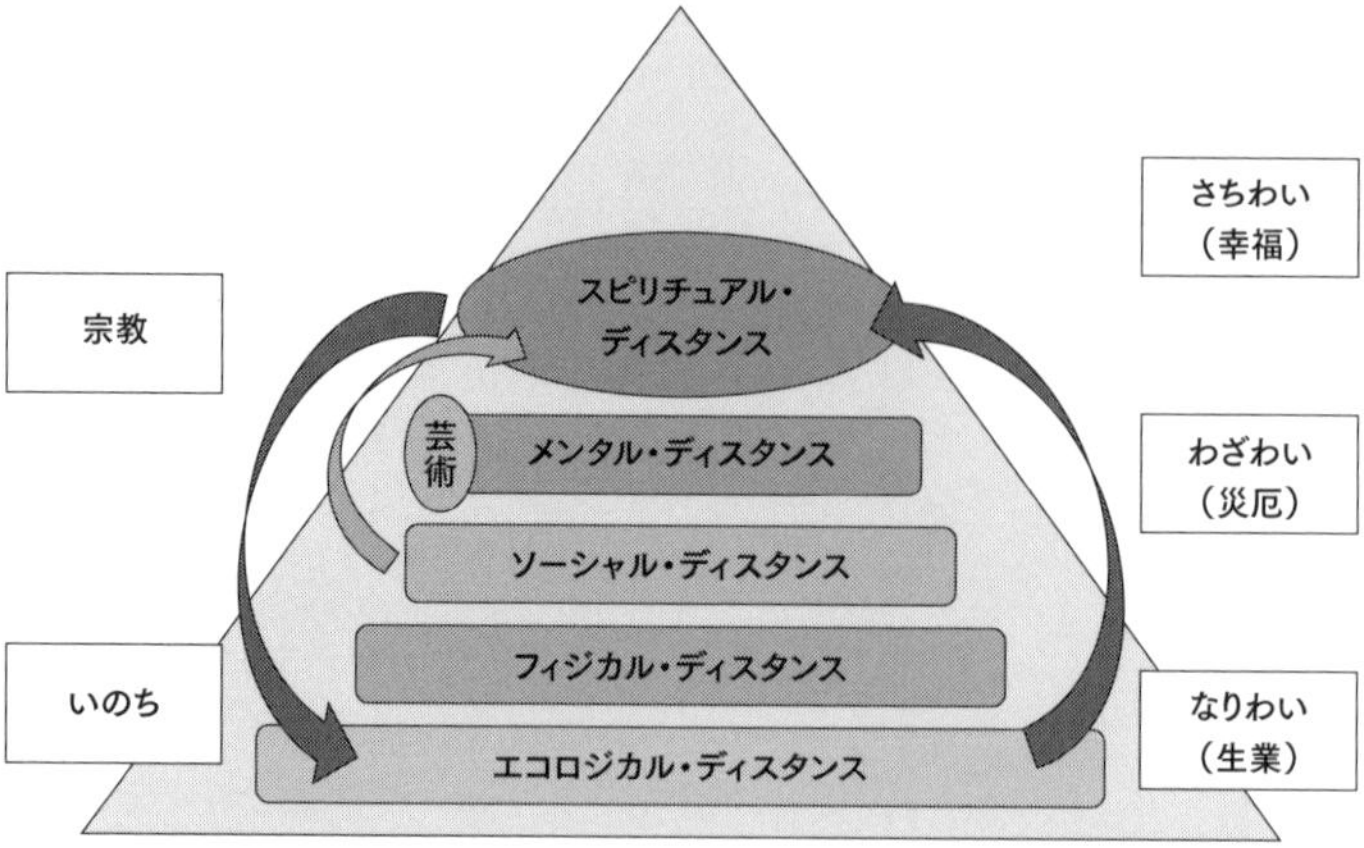

図１　エコロジカル・ディスタンスとソーシャル・ディスタンス──生態学的距離と社会的距離（鎌田、二〇二一（一部改変））

の見直しと再構築が必要不可欠となります。

ディスタンス三層

まず第一に、生命・生物界の根幹を成すエコロジカル・ディスタンス（生態系的距離）です。この上に、フィジカル・ディスタンスやソーシャル・ディスタンスが重なります。さらに加えて、精神的世界を持つ人間界には、メンタル・ディスタンス（心理的距離）とスピリチュアル・ディスタンスが立ち上がります。メンタル・ディスタンスは親密度で変わり、スピリチュアル・ディスタンスにあっては、その人の世界観・死生観・宗教観で大きく変わります。たとえば、日々、神棚や仏壇や位牌を前に、神仏や死者の御霊と親しく交わり、対話・交流することもあり得ます。その距離は伸縮自在です。ケア関係をすこやかにかつバランスよく維持していくためには、このディスタンス三層を丁寧かつ円滑に接続・交流・賦活させなければならないと考えます。

ところで、わたしは昨年（二〇二二年）の一二月にステージⅣの大腸がんが発覚し、本年一月に摘出手術をし、その後半年かけて、標準化学療法を行ない、本年一二月のMRI検査で頭頂部と右側頭葉への転移がみつかったのですぐ

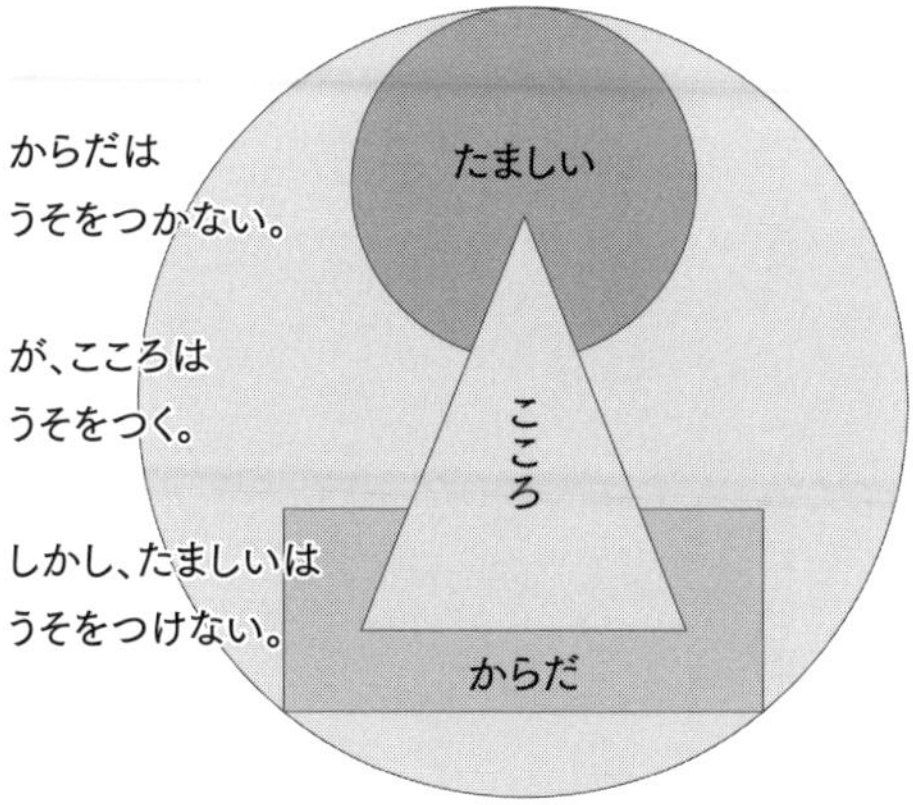
からだは
うそをつかない。
が、こころは
うそをつく。
しかし、たましいは
うそをつけない。
たましい
こころ
からだ

図2　からだ・こころ・たましい相関図
（筆者作成）

さま放射線治療を行ないました。これら現代医学・医療の三大治療は、たしかに一定の効果と成果を上げたと思う一方、その過程で、セルフケアと相互ケア[2]（intercare）の一層の重要性と必要性を痛感し、ますます強く感じるようになり、この数年の持論である、〈からだはうそをつかない。が、こころはうそをつく。しかし、たましいはうそをつけない。〉をリアルに実感し、切実に痛感するようになりました。

注

1　京都新聞二〇二三年九月三日付け朝刊記事、毎日放送二〇二三年一〇月一八日放送「京都でも『腕や耳が血だらけに』クマ出没増…被害者を救助した人が語った壮絶な状況（ＭＢＳニュース）」https://www.mbs.jp/news/kansainews/20231024/GE00053192.shtml、関西テレビ二〇二三年一〇月二〇日「newsランナー」放送 https://youtu.be/K48I7usPyr8

2　「セルフケア」の参考実例として、『悲嘆とケアの神話論——須佐之男命と大国主』（春秋社、二〇二三年）第七詩集『いのちの帰趨』（港の人、二〇二三年）があります。ご参照ください。

文献

鎌田東二「自然の中の人間」瀧口俊子・大村哲夫・和田信編著『共に生きるスピリチュアルケア——医療・看護から宗教まで』二三一－二五三頁、二〇二一年

真正なる心理療法は、それ自体、スピリチュアルなケアである――成人対象の開業心理療法の立場から……諸富祥彦

私の専門の一つは、いわゆる中年期の危機をはじめとした成人の個人心理療法およびグループセラピィです。開業でおこなっています。日々の臨床の実感に即して言うと、「おおよそ、スピリチュアルなケアではない心理療法など存在しないのではないか」と思っています。その人の人生がかかった実存的なテーマにかかわらない、たんなる問題解決のために来られる方は、私の来談者には、ほぼいません。当初、家族の人間関係のことや、今後のキャリアのことなどで相談に見えられたとしても、面接が深まるにつれて、次第に、たましいの叫びのようなものが聞えてきます。

たとえば、夫との関係について相談に来られた事例でも、コミュニケーションの改善だけを求めている場合などほとんどありません。ある六〇代女性は言います。「私が私の人生に望むことはただ一つ、誰かと、心の深いところでのつながりを感じながら、生きていくことだけなんです。それだけは、どうしてもあきらめがつかないんです。それが得られないままでは、まだ、死ぬに死にきれない、というか……」

また、最近、校長の職を終えたある男性は言います。「私の人生は、まぁ成功だったと言えると思うんです。校長にまでなれましたし、多くの教え子たちに恵まれました。多くの卒業生が先生、先生と私のことを慕ってくれます。結婚生活もうまくいって、三人の孫にも恵まれています。経済的にも困ったことはありません。普通に言えば、いい人生だったと言えると思うんです。ただ……死を意識すると、どうにも違和感のようなものが拭い去れないんです。もしこのまま死んでいくのだとしたら……と考えると、私の人生には〝決定的に重要な何か〟が欠けているように思うんです。『これが私の人生なのだ』とか、『この人生を生きるために私は生ま

れてきたんだ』という、そういう必然性のような感覚がないんです。どこか、空っぽ、というか……」

この「心の深いところでの違和感」は最初、安定した日常の中に、「かすかな予感」のようなものとして、静かに挿入されてきます。そして徐々に無視できないほど大きく明確なものになってくるのです。

ここで言葉にされているのは、たましいと表現されるような、心の深いところでの満たされなさ、不全感の表明であり、そのことへのケアの希求です。

「私は、このような人生を、この私の人生として、認めることはできかねる」

「私の人生には、決定的に重要な〝何か〟が欠けたままだ」

「このままでは、死ぬに死ねない」

クライアントの方々の多くが、そんな漠然とした、しかし切羽詰まった叫びのような声を発します。

現代を生きる多くの人が、心の深い次元とのつながりを失い、切り離されたまま、彷徨うように日々を生きています。「頭で考えて」こう生きるのがいいのだろう、と決めて、とりあえず毎日生き続けてはいるものの、こころの深い次元で「これでいいのだ」「私はこの方向に進んでいけばいいのだ」という「確かな納得の感覚」を得ることができないまま、日々を過ごしています。心の深いところでの「不全感」と言っていいでしょうし、「人生の方向性喪失の感覚」「漠然とした慢性的な空虚感」と言ってもいいでしょう。

この現代人の大半が抱えている軽うつ状態について、アーノルド・ミンデルは言います。「おそらく、あなたが世界のどこに住んでいようと、周囲の人々の多くは自分の人生には何かが欠けていると感じているだろうし、それどころか人生とは本来特別な何かが欠けているものなのだと思い込んでいる人さえいるだろう。休みの日が来ると、私たちはこのかすかな抑うつを最も一般的な形で感じることになる。人生など特別なものではなく、終わりまでひたすら生きるだけのものだ、と感じてしまうのである。」（ミンデル、二〇〇一、八頁）ミンデルが指摘する根本原因は、現代人の多くが、彼が「ドリーミング」とか「プロセスマインド」と呼ぶスピリチュアルな次元と切り離され、「人生の半分」しか生きていないこと、にあります。「問題がどのような形で現れようと、多くの抑うつや生気のなさの根本にあるのはドリーミングの無視である。ドリーミングがなければ、人生の半分を生きているにすぎず、世界の半分を見ているだけである。」「ドリーミングの視点からすれば、人生の複雑さにもかかわらず、実はたったひとつの問題しかない。それは現実の背後にあるドリーミングを無視してしまうことだ」（同右一〇頁）。したがって、その根本的な解決策もただ一つ、「ドリーミング」とのつながりを回復していくこと以外にありません。

現代人の多くが、みずからの内的体験から切り離されたまま多忙な日々を過ごしています。しかし内的体験をじゅうぶんに体験し直す作業に一人で取り組むのは、きわめて困難です。人生という暗い闇の中を孤独に歩むクライアントに必要なのは、やはり同様に孤独に自分の道を歩む仲間とのつながりです。内的体験を共にじっくりと体験してくれる「同行者」との深いつながりがあってはじめて、人はみずからの心の深いところでの、微かな内的体験とていねいにつながり直し、じっくり体験し直すことができます。すると、それまで停滞していた内的な生命プロセスが動き始めます。内的に再生するのです。

とりわけ、個人心理療法と共にグループセラピィを併用することが有効に思われます。筆者が行っている実存的な自己探究的グループセラピィ、ＥＡＭＡ（fully Experiencing-Awareness-Meaning Approach：体験—アウェアネス—意味生成アプローチ）は孤独なたましいの探究者同士が共に「同行者」たらんとする深いつながりの場を提供しています。日常の中で疲弊した孤独なたましい同士がつながり、生きる意欲を取り戻していく場となっています。

文献

Ａ・ミンデル著、藤見幸雄・青木聡訳『二四時間の明晰夢——夢見と覚醒の心理学』春秋社、二〇〇一年

カウンセラーに期待すること

紀藤正樹

普段、私が、霊感商法や宗教被害者からの相談に対応するカウンセラーに、カウンセラーとしての心構えとして説いていることをお話しします。まずカウンセラーにとって一番重要なのは、相談者に対する思いやりを持つことです。あまりにも当たり前のことですので、言うまでもないことかもしれませんが、この思いやりこそが、自分基準にならずに、相談者の立場と気持ちになって考えて対応していける、カウンセリングの処々の場面で重要な動機付け、解決のための心のエンジンとなるものです。カウンセラーの資質としての大前提と言ってよいと思います。

この大前提があって、その次が、カウンセリングでは、知識や経験に頼らないこと、が大切です。逆に言えば、相談を受けたケースにつき、予断と偏見を持たないようにする、ということです。「知識や経験」は、「偏見」の中でもっともやっかいな代物です。最初は誰しもが、はじめてのケースばかりですから、新鮮な気持ちで相談者からもいろいろと教わりながら勉強していくわけでしょうが、人は、経験を積めば積むほど、「これはこういうケースだ」「このくらいの時間で対応可能だ」などと、過去の経験から、「今」のケースを判断しがちとなります。

しかし、実際の相談ケースは毎回異なり、人の悩みもそれぞれです。そのため相談処理をしていくうちに、当初の自分の見立てが間違っていたということもよく経験するところです。世間ではＯＪＴなどと、経験は、しばしばポジティブな意味に取られがちですが、こと相談を受ける立場のカウンセラーにとっては、経験に頼ることは、かえってそのケースの見立てを誤る危険すらあります。ケースごとに経験を排して、いつも新鮮な気持ちにリセットして相談者に対応するのは、実際には時間と骨が折れる作業であり、自分を律する気概が必要です。経験が増えれば増えるほど、精神的に苦労させられる点でもあります。それでも自分基準にならず、相談者に対して思いやりを持てる人は、人のために努力ができる人として、この精神的なハードルを乗り切る気力を維持できると思います。

三つ目に大事なのは、相談者の「被害後遺症」としての白黒傾向や誇張傾向に注意する、ということです。相談者は、カルト的団体から、自分たちは善（神側）で、外の世界は悪（サタン側）などと思いこまされてきました。カルト的団体の内部は「断言」に満ちています。ところが相談者が、その団体から離脱し、いったん自分が言われ指示指導されてきたことが被害だと感じるようになってくると、今度は、あたかもオセロゲームの白と黒の石が一気に逆になるかのように、自分に被害をもたらしたカルト的団体は悪で、相談に乗ってくれる人・自分を援助している人は善だと思いがちになります。

しかしながら、我々の社会は、カルト的団体と違って、善悪の基準がきちっと決まっている社会ではありません。善と悪の境界線は多くの場合にとても曖昧です。そもそも善悪二元論的考え方、断言に満ちた考え方自体が、カルトの後遺症です。カウンセラーは、こうした被害者の精神状態につねに気をつけなければなりません。相談者の断言や誇張しがちな言葉から、何が真実か否かを読み解き、そして的確な問題解決の処方箋を出すこと、それがカウンセラーにとって、とても重要な役割と言えます。

四つ目として、もちろんカウンセラーは、知らないこと、不明なことは、専門書を読み、また回りの専門家に聞くという謙虚さが必要です。経験から得た知識で知ったかぶりにならないことはとても重要なことです。ただ専門家に聞き合わせる際には、個人情報の取り扱いへの細心の注意が必要です。カルト的団体への対処法を知っている専門家はそんなに多くはありません。ですからたとえばカウンセラーAが、専門家Bに「私のところに、最近の相談として、○○団体についての相談があったのですが、その○○団体はどんな団体なのでしょうか。」と聞き合わせたところ、その後、相談者Cも、セカンドオピニオンを求めるために専門家Bに相談に行くということが往々にして起こります。BがCから「〇〇団体」に関する相談を聞いているうちに、以前にAから相談を受けたケースと事案が同じだときづき、「そういえばAさんからあなたのケースを聞きました。あなたの相談だったのですね。」と話したことが、Aが、Cに無断で個人情報を漏らしたということで、後でトラブルになったということがあります。ですから別の専門家に問い合わせるときは、事前に、相談者に「Bがこの問題に詳しいので、あなたのケースを問い合わせてみてもよいですか」などと、相談者の情報を専門家同士で共有することについて事前に了解を取っておくことが必要です。

さてここまで、この問題を扱うカウンセラーにとって、重要な心構えを四つほど書いてきました。じつは弁護士も「リーガル・カウンセラー」と呼ばれることがあります。弁護士のところに来られる相談者の方は、トラブルを抱え、受けた被害のために、本当に困って相談に来られます。ところが現実の社会では、相談内容が法的に解決できる場合もあれば、そうでない場合もあります。法は厳格でその適用が厳しいものですので、実際には法のレベルでは解決できず、相談者にとっては、理不尽な結果であっても、受け入れざるを得ないという場合がよくあります。しかしそもそも現実の世界には解決ができないことがたくさんあります。人は生きるうえで、そういった現実の理不尽さも受け入れていくことも必要です。

私としては、できれば相談者が法律事務所に相談に来られることで、仮に法で解決できないことであったとしても、現実の厳しさを知ると同時に、これからの人生において前向きにできることが何かなどを理解してもらうなど、「ここに相談に来て本当によかった」と思えるように、ある意味「癒されて」帰っていただくのが、弁護士としての理想だと思っています。その理想は、スピリチュアルケアにおいても同様だと思っています。参考にしていただければ幸いです。

あとがき

松田真理子

本書では心理臨床においてスピリチュアリティをどのように活かすかについて、臨床心理士、公認心理師、宗教学者、医師、弁護士、作家、スピリチュアルケアに関心を寄せている人々など、様々な領域に軸足を置いて活躍している執筆陣に率直な思いを述べていただきました。

心理臨床にせよ、スピリチュアリティにせよ、レントゲンや脳画像、血液検査のような実証的エビデンスを持ち合わせておらず、合理的説明がつきにくい領域です。だからこそ心理臨床、スピリチュアリティの根源に対し多くの人々が関心を寄せ、真剣に向かい合うことに繋がっているのではないでしょうか。

今、私たちが生きている地球では温暖化や異常気象のために毎年、多くの自然火災、風水害が人間を含め、地球上に生息している全ての動植物に脅威をもたらしています。世界各地で紛争や戦争、侵略が起き、軍需産業やＩＴ企業、製薬会社はかつてないほどの収益を上げている一方で、多くの産業は低迷し経済はけっしていいとは言えない状況が続いています。飽食の時代と言われて久しく、実際には食べることができるものであっても賞味期限切れ、あるいは売れ残りとして廃棄される食品が大量にある一方で、日本では子どもの貧困の問題が深刻化しています。不登校の生徒数は年々、増加しているにもかかわらず、不登校をサイコロジカルな観点から見るよりも学習支援や福祉の観点から捉え、より実際的な支援にシフトしつつある現実があります。

テクノロジーは時代に添って進化を遂げ続け、ラジオ、テレビの時代から携帯電話、パソコン、スマホに進展し、インターネット、様々なＳＮＳによって世界は瞬時にして繋がるようになりました。チャットＧＰＴをはじめ、ＡＩの進化は留まるところを知りません。再生医療や先端医療、生殖医療は高度の技術によって命を生み出したり、操作することが可能になりました。それを福音と呼ぶか、神の領域を侵犯していると考えるかは立場によって様々です。我々、人類はいったい何を求め、どこに向かおうとしているのか、それすらも考えることなく誰が創り出しているのかわからない方向性に向かっているのが現状ではないでしょうか。立ち止まって考えること、自分を見つめ直すことは自分の課題との直面化を意味し、それをできるだけ先延ばししようとしているのかも知れません。

そのような世の中の趨勢だからこそ、合理性や実証性とは次元の異なるスピリチュアリティに謙虚に目を向ける意味がより一層増しているのではないでしょうか。スピリチュアリティが臨床現場、そして日常生活の中で働く時とはどういう時なのか、本書を通して味わってみていただけたらと思います。おそらくそれは各人が自らのやるべきことを誠実に継続してやり続けることにこそ、鍵があるように思われます。スピリチュアリティの働きに気づくことは、自らの人生としっかりと向き合う先にあるのではないでしょうか。

本書の発行に際してご多忙な中、多大なるご尽力をくださった執筆陣の先生方、自筆の素晴らしい少女の絵の掲載をご了承くださった前田重治先生、出版を後押ししてくださった創元社の矢部敬一社長、編集の労をおとりくださった吉岡昌俊様に心から感謝申し上げます。

二〇二四年六月六日

関係機関一覧

日本心理臨床学会（理事長　藤原勝紀）https://www.ajcp.info/

日本臨床心理士資格認定協会（会長　河村建夫）http://fjcbcp.or.jp/

日本スピリチュアルケア学会（代表理事　島薗進）https://www.spiritualcare.jp/

日本臨床宗教師会（会長　鎌田東二）http://sicj.or.jp/

日本臨床心理士会（会長　高田晃）https://www.jsccp.jp/

日本公認心理師協会（会長　信田さよ子）https://www.jacpp.or.jp/

執筆者略歴

島薗　進（しまぞの・すすむ）
東京大学大学院人文科学研究科博士課程・単位取得退学。東京大学大学院人文社会系研究科教授、上智大学グリーフケア研究所所長を経て、大正大学客員教授。龍谷大学客員教授。ＮＰＯ東京自由大学学長。東京大学名誉教授。専門は近代宗教史、宗教理論、死生学、生命倫理。著書に『日本人の死生観を読む』『ともに悲嘆を生きる』（ともに朝日新聞出版）など。

倉光　修（くらみつ・おさむ）
京都大学大学院教育学研究科博士課程単位取得退学。博士（教育学）。臨床心理士。東京大学学生相談ネットワーク本部教授・学生相談所所長、放送大学教授などを経て、東京大学名誉教授。放送大学名誉教授。著書に『臨床心理学』『心理臨床の技能と研究』（ともに岩波書店）、『動機づけの臨床心理学』（日本評論社）、『カウンセリングと教育』（誠信書房）など。

岸本寛史（きしもと・のりふみ）
京都大学医学部卒業。医師。富山大学保健管理センター助教授、京都大学医学部附属病院准教授を経て、静岡県立総合病院副院長兼緩和ケアセンター長。著書に『迷走する緩和ケア』『せん妄の緩和ケア』（ともに誠信書房）、『いたみを抱えた人の話を聞く』（共著、創元社）など。翻訳書にマーク・ソームズほか『神経精神分析入門』アニル・セス『なぜ私は私であるのか』（ともに青土社）など。

和田　信（わだ・まこと）
京都大学医学部卒業。医師。大阪国際がんセンター心療科部長。がんを患う人の心の診療に従事。日本スピリチュアルケア学会出版委員。日本サイコオンコロジー学会理事。専門は精神腫瘍学（サイコオンコロジー）、精神病理学、精神医学。著書に『共同研究　共生』（共著、こぶし書房）など。訳書にW・ブランケンブルク『目立たぬものの精神病理』（共訳、みすず書房）など。

＊

沼口　諭（ぬまぐち・さとし）
医療法人徳養会沼口医院理事長。医師。

藤巻るり（ふじまき・るり）
専修大学人間科学部准教授。山王教育研究所副代表。臨床心理士・公認心理師。著書に『発達障害児のプレイセラピー』（創元社）、『セラピストの主体性とコミットメント』（共著、創元社）など。

豊田園子（とよだ・そのこ）
豊田分析プラクシス、ユング派分析家。臨床心理士。

生田　孝（いくた・たかし）
聖隷浜松病院顧問。医師。

井原　裕（いはら・ひろし）
獨協医科大学埼玉医療センターこころの診療科教授。医師。

岩宮恵子（いわみや・けいこ）
島根大学人間科学部教授。島根大学こころとそだちの相談センター長。臨床心理士・公認心理師。

宮原亮子（みやはら・りょうこ）
元医療法人社団爽風会あしたの風クリニック。葛飾区保健センター。臨床心理士・公認心理師。ＭＢＳＲ講師。著書に『心理臨床とセラピストの人生』（共著、創元社）。

名合雅美（なごう・まさみ）
医療法人弘清会四ツ橋診療所心とからだの相談室。大阪公立大学メンタルヘルスセンター。臨床心理士・公認心理師。著書に『心理臨床とセラピストの人生』（共著、創元社）。

葛西賢太（かさい・けんた）
上智大学大学院実践宗教学研究科死生学専攻教授。公認心理師。

西平　直（にしひら・ただし）
上智大学グリーフケア研究所特任教授・副所長。京都大学名誉教授。

桜井亮平（さくらい・りょうへい）
川崎市中部児童相談所心理支援第一係係長。臨床心理士・公認心理師。

梨木香歩（なしき・かほ）
作家。

鎌田東二（かまた・とうじ）
京都大学名誉教授。

諸富祥彦（もろとみ・よしひこ）
明治大学文学部教授。臨床心理士。著書に『カウンセラー、心理療法家のためのスピリチュアル・カウンセリング入門（上）（下）』（誠信書房）など。

紀藤正樹（きとう・まさき）
リンク総合法律事務所所長。弁護士。著者に『マインド・コントロール』（アスコム）など。

編者略歴

瀧口俊子（たきぐち・としこ）

立教大学大学院文学研究科修了・京都大学研修員。立教女学院短期大学教授、京都文教大学教授、放送大学大学院教授などを経て、放送大学名誉教授。病院心理臨床・私設心理臨床・教育（保育）心理臨床などに従事。日本臨床心理士資格認定協会顧問。日本スピリチュアルケア学会副理事長。日本臨床宗教師会副会長。臨床心理士。日本心理臨床学会学会賞受賞。著書に『共に生きるスピリチュアルケア』（共編著、創元社）、『心理臨床とセラピストの人生』（監修、創元社）、『子どもと生きる心理学』（法藏館）、『夢との対話』（トランスビュー）など。

大村哲夫（おほむら・てつを）

東北大学大学院文学研究科修了、博士（文学）。東北大学大学院文学研究科助教・准教授を経て現在上智大学グリーフケア研究所特任教授。日本スピリチュアルケア学会理事。宗教心理学・死生学、グァテマラ・マヤ民族の宗教と文化を研究。在宅緩和ケア・教育心理臨床などに従事。日本臨床宗教師会理事。臨床心理士・公認心理師・指導スピリチュアルケア師・臨床宗教師。著書に『共に生きるスピリチュアルケア』『心理臨床とセラピストの人生』（ともに共編著、創元社）、『宗教を心理学する』（共著、誠信書房）など。

松田真理子（まつだ・まりこ）

早稲田大学第一文学部卒業後、三菱商事、西村総合法律事務所勤務を経て京都文教大学大学院博士後期課程修了、博士（臨床心理学）。京都文教大学臨床心理学部教授・心理臨床センター長・学生相談室長。専門は医療心理学、臨床心理学、病跡学。日本スピリチュアルケア学会理事・日本病跡学会理事。臨床心理士・公認心理師。日本心理臨床学会奨励賞受賞、日本病跡学会奨励賞受賞。著書に『共に生きるスピリチュアルケア』『統合失調症と宗教』（ともに共著、創元社）、『統合失調症者のヌミノース体験』（創元社）、『医療心理学を考える』『芸術と文学の精神世界』（ともに晃洋書房）など。

心理《しんり》臨床《りんしょう》に活《い》かすスピリチュアルケア

2024年7月10日　第1版第1刷発行

編著者　瀧口俊子、大村哲夫、松田真理子

発行者　矢部敬一

発行所　株式会社 創元社

〈本　　社〉〒541-0047
大阪市中央区淡路町4-3-6
電話(06)6231-9010(代)
〈東京支店〉〒101-0051
東京都千代田区神田神保町1-2　田辺ビル
電話(03)6811-0662(代)
〈ホームページ〉https://www.sogensha.co.jp/

印　刷　株式会社 太洋社

装幀・組版　文図案室

©2024 Printed in Japan　ISBN978-4-422-11830-7 C3011